アクティブラーニング・シ

失敗事例から学ぶ 大学での アクティブラーニング

亀倉正彦=著

東信堂

アクティブラーニング・シリーズの刊行にあたって
[全7巻]

監修者　溝上　慎一

　2014年末に前下村文科大臣から中央教育審議会へ諮問が出され、初中等教育の次期学習指導要領改訂のポイントとしてアクティブラーニングが示された。いまやアクティブラーニングは、小学校から大学までの全学校教育段階の教育を、「教えるから学ぶへ(from teaching to learning)」のパラダイム転換へと導くとともに、学校から仕事・社会のトランジションはじめ、生涯にわたり成長を促す、巨大な思想を含み込んだ学習論となっている。

　英語のactive learningを「能動的学習」「主体的な学び」などと訳したのでは、40年近くこれらの用語を日常的に用いてきた日本の教育関係者にとって決して響くものにはならないだろうと考え、思い切ってカタカナにした。2010年頃のことだった。能動的学習、主体的な学びを用いて再定義、意義を主唱するには、示すべき新しい事柄があまりにも多すぎると感じられたからである（この経緯は、私の前著『アクティブラーニングと教授学習パラダイムの転換』(東信堂, 2014年)に書いている）。

　一部の大学で草の根運動的に広まってきたアクティブラーニングが、ここまでの展開を見せるに至ったのには、日本の教育を見つめ、私たちと問題意識を共有するに至った河合塾教育研究開発本部の取り組みがあったこともあげておきたい。

　この用語が、ここまでの展開に繋がるとは当時考えていなかったが、それにしてもこの1年、いい加減なアクティブラーニングの本や解説書が次々刊行され、現場を混乱させていることに私は社会的責任を感じている。少しでも理に適ったアクティブラーニングのガイドブックを教育関係者に届けたいと思い、今後の小中学校への導入も予期しつつ、すでに実際に授業に取り組んでいる高校・大学の先生方を対象に本シリーズの編纂を考えた次第である。

本シリーズでは、文部科学省の「アクティブ・ラーニング」ではなく、監修者の用語である「アクティブラーニング」で用語統一をしている。第4巻で、政府の施策との関連を論じているので、関心のある方は読んでいただければ幸いである。また、アクティブラーニングの定義やそこから派生する細かな意義については、監修者のそれを各巻の編者・執筆者に押しつけず、それぞれの理解に委ねている。ここは監修者としては不可侵領域である。包括的用語(umbrella term)としてのアクティブラーニングの特徴がこういうところにも表れる。それでも、「講義一辺倒の授業を脱却する」というアクティブラーニングの基本的文脈を外している者はいないので、そこから先の定義等の異同は、読者の受け取り方にお任せする以外はない。

　「協同」「協働」については、あえてシリーズ全体で統一をはかっていない。とくに「協同(cooperation)」は、協同学習の専門家が長年使ってきた専門用語であり、政府が施策用語として用いている、中立的で広い意味での「協働」とは厳密に区別されるものである。各巻の執筆者の中には、自覚的に「協働」ではなく「協同」を用いている者もおり、この用語の異同についても、監修者としては不可侵領域であったことを述べておく。

　いずれにしても、アクティブラーニングは、小学校から大学までの全学校教育のパラダイムを転換させる、巨大な思想を含み込んだ学習論である。この用語を入り口にして、本シリーズがこれからの社会を生きる生徒・学生に新たな未来を拓く一助となれば幸いである。

第1巻『アクティブラーニングの技法・授業デザイン』(安永・関田・水野編)
第2巻『アクティブラーニングとしてのPBLと探究的な学習』(溝上・成田編)
第3巻『アクティブラーニングの評価』(松下・石井編)
第4巻『高等学校におけるアクティブラーニング:理論編』(溝上編)
第5巻『高等学校におけるアクティブラーニング:事例編』(溝上編)
第6巻『アクティブラーニングをどう始めるか』(成田著)
第7巻『失敗事例から学ぶ大学でのアクティブラーニング』(亀倉著)

第7巻　はじめに

亀倉正彦 著

　本書のタイトルは「失敗事例から学ぶ大学でのアクティブラーニング」となっているが、「失敗をしないように気をつけましょう」という後ろ向きの内容ではない。新しい物事に挑戦すれば試行錯誤(=小さな失敗)がつきものだが、これを忌まわしいものとして切り捨てず、しっかり乗り越え、目的の完遂のために力強く前に進むことが、昨今の時代からのますます大きな要求となりつつある。「失敗事例から学び成長するアクティブラーナー」は、本書を貫くメッセージである。「失敗は成功の母である」というように、一つひとつの経験や途中過程を大切にして、そこから省察して、最後の目的への到達を勝ち取るためのヒントが本書の内容である。

　筆者は、文部科学省の「大学生の就業力育成支援事業」(平成22年〜23年)と「産業界のニーズに対応した教育改善・充実体制整備事業」(平成24年〜26年)において、地域社会や産業界と連携して大学生を成長させる教育の意味を継続して問い続けてきた。また、後者では中部地域23大学グループにおける幹事校・副幹事校5大学メンバーの一員としてグループの「アクティブラーニングを活用した教育力の強化」のテーマに携わり、組織的なアクティブラーニングの推進の一翼を担ってきた。

　また、学内では産官学連携の授業を3つ担当してきた。知識習得を中心とするもの、習得した知識の応用を中心とするもの、そして両者のバランスを取ろうとするものと、性格の異なる3種類の科目でつまずいたり、悩んだりしてきた「失敗事例」のエッセンスが本書に数多く凝縮されている。

　以上の意味で、本書の内容は、大学での教育が中心になって組み立てられているが、高校はもちろんのこと、中学校や小学校の方にも役立つ内容が含

まれているのではないかと思っている。

　本書は6章構成になっている。失敗事例から学ぶことの意義、必要なマインドセット、失敗の基本三事例、アクティブの意味、そしてアクティブラーニングを取り巻く教育環境について本書冒頭のご案内とする(第1章)。

　本書執筆の一つの契機になったものが23大学でとりまとめした『アクティブラーニング失敗事例ハンドブック』であったので、この中から失敗から学ぶ3つの方法論、ならびに失敗原因＆行動マンダラ図を紹介するとともに、基本三事例とやや異なる性格の指導面・評価面など合わせて10の失敗事例を示して簡単な解説を付けた(第2章)。

　アクティブラーニングを進める上での基本形はやはり講義であろう。一方向の講義に徐々に学生のアクティブな学びの要素を付加することが現実的な一つの選択肢である。この点について、科目目的とアクティブラーニング目的、自学自習や予習、事後の振返りをそれぞれ失敗事例との関わりで言及するとともに、入門科目についても簡単に触れる(第3章)。

　アクティブラーニングを語る上で必ず話題になる主体性、能動性、積極性などについて「学習意欲(＝やる気)」の用語でアクティブラーニングとの関わりを位置づけし、意欲を高めるための構造をマンダラとして図示した(第4章)。その上で、失敗事例から学び成長するアクティブラーナーになるための2つのツールキット(構造S-行動C-成果Pツールキットと授業準備ツールキット)を紹介する(第5章)。

　最後に、アクティブラーニングに関連して特に大きな論点となっているグループワークの失敗についてのトピックをいくつか提示し、考察する。とりわけグループワークで積極的に発言する人、しない人の問題についてやや深めて検討するとともに、一つの解決策の考え方を提示する(第6章)。

　なお、筆者は、教育の実践者であるが、専門家でない。この第7巻は、失敗を切り口にしている。もし一部に理解の十分でない教育キーワードがあった時は、ぜひとも他巻とセットにして学びと理解を深めていただきたい。

シリーズ第7巻
失敗事例から学ぶ大学でのアクティブラーニング／目次

アクティブラーニング・シリーズの刊行にあたって …………………………i
第7巻　はじめに ………………………………………………………………… iii

第1章　なぜ失敗事例から学ぶのか
3

第1節　失敗事例から学び成長するアクティブラーナー………………… 3
　(1) 本書の目指すところと対象読者………3
　(2) なぜそのアクティブラーニングを用いるのか………5
第2節　アクティブラーナーのための6つのマインドセット ………… 6
　(1) 形式主義の罠………6
　(2) 教員や教育機関に求められる「二重の責任」………7
　(3)「試行錯誤(＝小さな失敗)」は欠かせない………8
　(4) まずは教員自身が前を向く………8
　(5) 個への注目(individual attention) ………9
　(6) 学習者の意識の転換………10
第3節　アクティブラーニングの失敗とは ……………………………… 11
　(1) アクティブラーニングと失敗の基本三事例………11
　(2) 能動的なのか／受動的なのか………16
　(3) 学生はアクティブに学んでいるか………18
　(4) アクティブラーニングの教育環境………19
まとめ………………………………………………………………………… 21
●さらに学びたい人に…………………………………………………………… 22

第2章　アクティブラーニング失敗事例ハンドブックから　23

第1節　アクティブラーニング失敗マンダラ……23
　(1) 失敗から学ぶ3つの方法論………23
　(2) 失敗マンダラ（鳥瞰図）………30
　(3)「して良い失敗」と「してはならない失敗」の区別………33
　(4) 鳥瞰図のその先にある失敗行動分析………34
第2節　指導面での失敗事例……35
　(1) グループメンバー間のいさかい………36
　(2) 授業のマンネリ化………39
　(3) 学外からの講演者に無関心………43
　(4) 課外活動での学生の怠慢な態度………45
第3節　評価面での失敗事例……48
　(1) アクティブラーニングに伴い教員の負担感が増していく………48
　(2) 学びのための成績評価にならない………50
　(3) 企業と大学とで成績評価の観点が食い違う………52
第4節　その他の失敗事例………54
　(1) 教員によって意識や対応に差がある………54
　(2) 学内関係者との打ち合わせ不足………55
　(3) その失敗は本当に失敗なのか………57
まとめ……60
● さらに学びたい人に……60

第3章　講義でのアクティブラーニング　62

第1節　科目の学習目的とアクティブラーニングの実施目的……62

(1)「内容のない思考」と「概念のない直観」……63
　(2)正課／正課外または専門／教養／キャリア系で異なる……63
　(3)講義でアクティブラーニングする難しさ……66
　(4)科目目的を教員が判断することの問題……66
　(5)科目目的を判断するためのヒント……67
第2節　教科書の自学自習など事前の予習課題 …… 69
　(1)教員による事前の趣旨説明……69
　(2)教科書予習の課題出し……70
　(3)根拠資料の提出……71
第3節　事後の振返り課題 …… 71
　(1)いろいろな実施方法……72
　(2)学生の作業負荷に配慮する……73
　(3)要点をまとめる作業と「学び合い」は効果的……73
第4節　入門科目のアクティブラーニング …… 75
　(1)専門的な科目と比べると「広く浅い学び」になりやすい……75
　(2)受講に臨む学生の多様な姿勢……76
　(3)入門科目で学んだことは後に影響を与える……77
まとめ…… 78
●さらに学びたい人に…… 79

第4章　学習意欲を高めるために　　80

第1節　学習意欲とアクティブラーニング …… 80
　(1)やる気はどのように触発されるのか……80
第2節　学習意欲の失敗マンダラ …… 84
　(1)学習意欲の失敗行動マンダラ……85
　(2)学習意欲の失敗原因マンダラ……86

(3)学習意欲の失敗結果マンダラ………92
　まとめ………………………………………………………………　93
　●さらに学びたい人に………………………………………………　94

第5章　2つのツールキット　95

　第1節　構造-行動-成果(SCP)ツールキット　……………………………　95
　　(1)原因-行動-結果では失敗事例の分析がしにくい………95
　　(2)構造-行動-成果を分析に用いてみよう………97
　　(3)予習をしてこない学生の事例で理解する………100
　第2節　授業準備ツールキット　……………………………………………　102
　　(1)教科書シラバス………103
　　(2)指導計画………107
　まとめ………………………………………………………………　120
　●さらに学びたい人に………………………………………………　120

第6章　グループワーク失敗のトピック　121

　第1節　できないのは学生のせいだと決め付ける……………………………121
　　(1)失敗行動の同定(価値判断を排除する)………121
　　(2)失敗原因の分析………122
　　(3)失敗結果の吟味………123
　第2節　グループワークでのさまざまな問題　………………………………124
　　(1)成績評価に占めるグループの割合はどのくらいまでか………124
　　(2)グループワークへの個人貢献度をどのように評価するか………125
　　(3)押し出しの強いタイプの学生をどう評価するか………126

(4)他者への配慮をどのようにして学ぶのか………127
　　(5)グループワークを欠席する学生にどう対処するか………128
　第3節　おとなしい学生をどう評価するか…………………………129
　　(1)自燃型人材と他燃型人材………129
　　(2)他燃型人材も評価する選択肢をつくろう………130
　　(3)グループ討論で黙っていれば損する………132
　(4)学生時代におとなしいことは将来損になるのか………133
　まとめ……………………………………………………………… 134
　●さらに学びたい人に……………………………………………… 134

おわりに……………………………………………………………… 137
索　　引……………………………………………………………… 141

装幀　　桂川　潤

シリーズ　第7巻

失敗事例から学ぶ大学でのアクティブラーニング

第1章

なぜ失敗事例から学ぶのか

第1節　失敗事例から学び成長するアクティブラーナー

　筆者が本書を書く意図と狙いは、「アクティブラーニングはあまり難しく考えたり恐れたりするようなものではない」ことを伝えたいことにある。別の言葉で表現するなら、「失敗事例から学び成長するアクティブラーナー」になるためのヒントをいくつかお伝えできたらよいと思っている。

(1) 本書の目指すところと対象読者

　本書は「失敗事例」から、アクティブラーニングを実践的に理解するとともに、自ら実践したくなるようなものにすることを目指している。失敗事例とは何なのか。ともすれば「失敗」という言葉だけが忌み嫌われてしまい、「失敗＝してはならないもの」とされ、そこで話が止まってしまうことが少なからずある。とくに教育現場では、大学に限らず、高校・中学・小学校でも、教員は先生であり、どんなに小さな失敗でもしてはならないと社会が監視の目を光らせているし、教員もそのように自分自身を縛りつけているように見える。

　しかしながら、本書でも触れるように、必ずしも「失敗＝してはならない」と忌み嫌うべきものばかりであるとは限らない。むしろ果敢にチャレンジして経験を積み重ねることが大事なのかもしれない。

　背景には、与えられたことをそのままに記憶するだけの人材育成を「超え

る」ような教育を社会が求め始めていることが一つある。いま、目の前で起きていることを見て、「何が問題なのか」を考えられる人材、その問題に対して解決の青写真を構想してその計画が立案できる人材、そしてただ頭の中で計画を想起するだけでなくてそれをしっかりと行動に移すことができる人材、その行動に際して独り善がりで進めるのでなくて必要に応じて仲間や関係者と協力し解決に当たる人材が求められていることと無縁ではないだろう。

　これらは経済産業省が「社会人基礎力」として提唱したスキルの一部であるが、このような言葉を借りるまでもなく、社会では「自分で考えて行動できる人材」が求められるようになってきている。こうした取組みはまだスタートしたばかりで、これから数多くの課題つまり試行錯誤＝小さな失敗を乗り越えなければならない。この意味で本書は、学生も教員も皆が「失敗事例から学び成長するアクティブラーナー」になるような理想の姿を思い描いている。

　自分自身でチャレンジすることはもちろんであるが、このための知恵やノウハウを他者の失敗からも詰め込むことで「これから初めてアクティブラーニングに取り組もうとする新任教員の皆さん」にとっての不安を和らげるものにしたいし、もちろんこれまでそれなりにアクティブラーニングを実践してきた皆さんにとっても、自分の目指したい理想の教育と、現実のそれとのギャップを埋めるための参考やヒントになれば幸いである。

　読者の皆さんがそうした分析と改善（PDCA：P計画[Plan]→D実行[Do]→C振返り[Check]→A改善行動[Action]）のサイクルを回す上で、本書がそれなりに参考になるような道具立てを提供できたとしたら、光栄である。

　教員だって自身が学生だった頃には、いろいろな試行錯誤を繰り返しながら勉強し、学びを深めてきたはずである。それは教員になってからも同じであり、自分自身が専門とする担当科目のことはそれなりに勉強を済ませているだろうが、現場での教育実践になれば試行錯誤をすることもあるだろう。ここで他者の「失敗事例」を知り、それを「他山の石」とし、これからの教育や学びの過程で予想される「躓きの石」をあらかじめ注意深く考慮に入れながら、慎重に教育の組み立てを行うことができるならば、まさしく「失敗事例から

学び成長するアクティブラーナー」になるだろう。

　本書をとくに読んで欲しいターゲットとする読者層は、アクティブラーニングに現在取り組んでいる教員だけではない。むしろ、これからアクティブラーニングに取り組もうとする小学校、中学校、高等学校、大学、すべての教育機関の先生方も含まれる。また、とりわけ新入社員教育に関心を持っている企業、それから行政機関等の方々も含まれている。さらに広くは学生の皆さんもそうだし、何らかの「生きた学び」を実践しようとしている社会のすべての方々も本書のターゲット読者層として、メッセージを伝えられたら望外の喜びである。

(2) なぜそのアクティブラーニングを用いるのか

　この本を書き上げているときに悩んだことがある。それは、この書がノウハウ集になればなるほど、それを知った読者がそのままそれを杓子定規に実践に用いてしまい、応用が利かなくなってしまうことである。一方で、理論を多用して抽象的で包括的な表現を用いるほど、たしかに多様な場面に適用する可能性が広がるけれども、悪くすればその活用の仕方がイメージできず、アクティブラーニング実践への不安が拭えない方がでてくる恐れもある。

　アクティブラーニングには実にさまざまな手法(ジグソー法など)がある。ご自分の胸に問いかけてもらいたい。なぜそのツールを用いるのだろうか、そのツールによってどのような成果が望めるのだろうか。さらにそのツールを用いることで「犠牲」になるものを確認しておられるだろうか。学生の学びにプラスになると考えて善意で実施したはずのアクティブラーニングが、結果的に当初予期しなかった結果や副産物をもたらすことはときとして起こりうることである。

　手法やツールを表面的に理解して実践しようとすると、思わぬ足を掬われることもある。だからこそ最低限のノウハウがあり、後はそれを実践者がそれぞれに考えて応用発展できるだけの最低限の原理があればよいのではないかと考え、これが本書のツールキット(第5章)につながっている。

このために本書はできるだけコンパクトであり、かつ失敗事例が持つ生き生きしたパワーを損ねないように工夫した。アクティブラーニング実践の際に、ちょっと手にとって参考にしてみようなどの気持ちになって頂けるものが作られたのなら幸いである。

　筆者自身がアクティブラーニングについて経験してきたことは非常に限られているし、まだまだ先には未知の世界が広がっている。本書に紹介しきれない事例がたくさんありそうだが、こうした「成功を導くための失敗事例」がもしあれば、継続的に情報を集めて別の機会に活かしたいと思っている。読者の皆様とともに私も成長したいと思っているので、叱咤激励を寄せて頂けたら大変幸いである。

　重要なので今一度、繰り返して強調しよう。失敗とはいたずらに忌み嫌うものでなく、むしろ果敢にチャレンジし自分自身を成長させようと努力してきた積み重ねである。一方通行でメッセージを送ることができる講義中心の授業とは異なり、全国のどの教員でもアクティブラーニング授業にチャレンジできるようになれば、来るべき時代の教育のカタチに近づくのではないだろうか。

第2節　アクティブラーナーのための6つのマインドセット

(1) 形式主義の罠

　今回、筆者がいくつかのアクティブラーニング失敗事例を通じて学んできたことの一つは、形式主義に陥る危険性であった。アクティブラーニングには、実にさまざまな道具立て(ツール)があって、その一つひとつは、わずか数分で実施できるものから、丸々50分ほど(あるいはさらに長く)を要するようなものまである。

　最近の教員はますます忙しくなっているようである。昔ならクレームにならなかったような案件が生徒や親から出てきて対応する。それでなくても教材研究、大学教員なら専門分野の研究、それに学校の行事や事務的な委員会、

会議など。他にもたくさんある。

　そのような多忙なときに「アクティブラーニングを実践せよ！」との大号令がトップから下り、当の教員本人がその必要を認めていなかったらどうなるだろうか。下手をすれば、あまり意味の無いグループワークを30分ほど学生にさせるかもしれない。その結果、講義していれば学べるはずだった知識がもし「犠牲」になれば、それはある種の機会損失といってもよい。これは典型的な形式主義の罠である。この危険性をまずは第一のマインドセットとして認識したいところである。

(2) 教員や教育機関に求められる「二重の責任」

　何をもってそのアクティブラーニングに意味があった、あるいはなかったと判断できるのだろうか。この判断に際して、「二重の責任」の考え方が役に立つかもしれない。

　第一の責任は、説明責任である。教員はなぜその手法やツールを用いたのかを説明できる（アカウンタビリティー［説明責任］）必要があるだろう。企業会計でも、株主から預託された財産に対して、どのように使用したのかを金銭的観点から説明することが当然のように要求される（アカウンティング＝会計のことである）。

　第二の責任は、実施責任である。単位を認定し、成績を評価する教員は、教育サービスをすることで生徒の学力（知識や技能）を所期した水準にまで引き上げる責任を負う（レスポンシビリティー［実施責任］）。企業経営で「社会的責任（＝CSR: Corporate Social Responsibility）」という用語があるが、自らの業務を果たしていくとともに、関連する事柄にも対応するという意味である。学校内で粛々と講義するだけでなく、汎用的能力や態度までも教育するように社会が要請している現実を思えば、教育の世界がいま変わろうとしていることが理解できるだろう。

　学校や教員もこれからは企業と同じように、自らが実施した教育について、この「二重の責任」を果たす流れになっていくだろう。つまり、平素の学習を

しっかり完遂するための諸々の業務に携わる「実施責任」を果たすとともに、そこで実施したことについて関係者に説明することができる「説明責任」も果たさなければならない時代になりつつある。

(3)「試行錯誤(＝小さな失敗)」は欠かせない

最近は、社会が求めるような授業づくりを要請されることも多くなってきていて、ただ知識を学ぶだけでなく、それがどのように実社会で活用できるのかを授業内に取り込んだり、あるいは実際に校外に出て行って実践的な活動に携わったり(サービスラーニング)するような事例が増えてきた。このような教育実践は、旧来からの有名なフレーズ「学校での学びは頭でっかちで、将来何に役立つのか」という批判に対応するものであろう。

このような教育実践は、かつては一部の積極的な教員だけが試行錯誤しながら取り組むことはあったけれども、近年はこうした取り組みが文部科学省の推進にのって、一気に全国的に進もうとしている。好むと好まざるとにかかわらず、大多数の教員がアクティブラーニングに取り組まなければならない時代に差し掛かっている。

新しいことを進めようとすれば、相応の試行錯誤がつきものである。失敗といえばつい「悪いもの」「回避すべきもの」との考えを持ってしまうが、この手の試行錯誤を抜きにして、取り組みの成長を語ることはできないだろう。

それなのに現場の教員には「上手にアクティブラーニングをしなければ」とか「失敗したくない」と少なからず切迫した思いに駆られて二の足を踏んでいる人も少なからずいるようである(とくに指導計画を作成しない大学教員に多く見られるようである)。だからこそ「失敗事例から学び成長するアクティブラーナー」になるための手助けが必要なのである。

(4) まずは教員自身が前を向く

これまでの教育は講義形式で一方通行で教員から学生に知識を伝える形式が多く見られた。所定の学習項目を効果的に詰め込んで学生に伝えるという

狙いを果たす観点からすれば、講義形式は合理的な仕組みであったとも言える。それが災いしてか、学生からの質問や異論に対して閉鎖的な態度をとる教員も中にいるようである。経験したことの無いことに対して、人は臆病な気持ちになったとしてもそれは自然なことだろう。

だが、職業的・社会的に自立した人材を育成しようとしているときにそのような態度でよいのだろうか。本当に社会で活躍できる人材を育成しようとすれば、どうしても自分で考えること、それを実践すること、批判を受けること、その批判を成長のための肥やしとして乗り越えて前に進むこと、こうしたことが学生だけでなく、教員自身にも求められるのではないだろうか。

少し前のことだが、ある大学のトップが「タフな学生を育てたいなら、まずは教員自身がタフにならなければならない」と言ったことがあった。教員が前向きになれば、学ぶ生徒たちも自ずと前向きになるものである。逆に、教員自身が失敗を極度に恐れているとすれば、これを学ぶ生徒は見逃さない。

(5) 個への注目 (individual attention)

さてアクティブラーニングとは、別の言葉で表現すれば、与えられた知識を受動的に覚えさせられ、テスト終了のチャイムとともに溶けて消失していくような学び (これも学びの失敗事例の一つかもしれない) ではなく、テストが終わった後もここで学んだことを覚えていて活用したいと思えるような「生きた学び」を得ることではないかと筆者は考えている。

このような「生きた学び」にはどのようなカタチがあるだろうか。河合塾が毎年実施しているアクティブラーニング調査の項目を参考にすれば、5つの方法がある。①グループワーク、②ディベート (討論)、③プレゼンテーション、④フィールドワーク、⑤振返り (リフレクション) の5つであるが、これらはアクティブラーニングの形態と呼ばれる。

このようなカタチはあくまでもカタチでしかなく、そこから何を得られるのか、つまりアクティブラーニングから学ぶべきナカミが重要である。これまでの古い時代の学校での学びは、「(教科書や先生から)与えられた知識を受

動的に学ぶ、そしてそれらを世の中や自分自身のためにどのように活用するのかは学生任せになっていた」のかもしれない。

これに対して、昨今、求められている新しい時代の学びは、「教わった知識を世の中や自分自身に生かすべきかの答えは決して一つではなく、最後は学習者本人が決めなければならない」ということである。もしその教科や学問に存在価値があるならば、教師が一人ひとりの生徒としっかりと向き合い、個々の考え方を尊重しながら、学生の学び(すなわちナカミ)に対する教師なりの責任をとることではないだろうか。

(6) 学習者の意識の転換

教師だけでなく、学習者も意識を転換する必要がでてくるかもしれない。学習者の「学びに向かう動機」にはどのようなものがあるだろうか。「学位取得」、「奨学金獲得」、「仲間づくり」、「社会人への準備」など、いろいろなものがありそうである。あなたの場合はどうだろうか。昨今の大学生の中には、卒業するまでの生活費や、極端な場合は学費まで含めて自分自身で働きながら稼がなければならないケースもあるようである。

教師から言わせれば、「本業を疎かにしてアルバイトに勤しむなど本末転倒だ」となりそうだし、まさしくそれは正論であり否定されるべきことではないだろう。だが、現実にはここまで強く言い切れるものでもない。学生はその持ち時間やエネルギーのすべてを「学習」に注ぎきれるものではない。「家族」「生活・趣味」「友人・恋愛」だって大事なことであろう。

仕事をしている社会人にとっても、仕事と生活とのバランスを考える「ワーク・ライフ・バランス」という言葉が近年話題になっている。学習者にだって、学習と生活とのバランス、つまり「スタディ・ライフ・バランス(学習負荷)」があってもよいのではないだろうか。このバランスが崩れたためにアクティブラーニングが失敗した事例もたくさんあった。

ただ、どうか誤解しないで欲しい。学校は「学び舎」であり、学習することは当然であること。学習と生活のバランスは結局のところ自分が決めること

になること。それならば、どうせ学ばなければならないのなら、押しつけられたものを嫌々ながらに学ぶのでは「もったいない」のではないだろうか。どうせなら学習者自身が少しでも「楽しんで」学んでもよいのではないだろうか。

　大学まで終えて社会に出たとき、必ずしも自分が望んでいた仕事ができるとは限らない。それならば理想とは異なったとしても、目の前の現実をとにかく受け入れて努力しつつ、自分の理想が実現するよう目指す大人がたくさんいる。勉強を楽しんでするなんて、最初はなかなかイメージしにくいかもしれないけれども、まずは「知識習得」を楽しんでみよう。習得したら「知識活用」も楽しんでみよう。教師ももちろん学生の皆さんが楽しんで学べるようにいろいろ創意工夫を凝らすようになってきているのだから。

　ひょっとしたら考える暇もないくらいに厳しく学びを押しつけてくる教員、その他何だか納得のいかない指導を受けることがあるかもしれない。そんなときはこのように考えてみてはいかがだろうか。もし不向きな教員に出会ったら、これから社会で出会うだろうさまざまなタイプの一人に出会えた。いかにして上手に半期間の学びを共に歩むのかを考えつつ、学ぶべきことは自分で考え自分で掴み取ればよいのではないだろうか。このような学習者の意識の転換を促すことが第6のマインドセットである。

第3節　アクティブラーニングの失敗とは

(1) アクティブラーニングと失敗の基本三事例

> Q．アクティブラーニングを実践したことは証明できるのか？
> Q．アクティブラーニングの成果をどう示すことができるのか？

　ここで失敗事例との関わりで議論になるのが「アクティブactive」という言葉の捉え方であるので、再度若干の注意を促すことにしよう。溝上は「一方向的な知識伝達型講義を聴くという(受動的)学習を乗り越える意味での、あらゆる能動的な学習のこと。能動的な学習には、書く・話す・発表するなど

の活動への関与と、そこで生じる認知プロセスの外化を伴う」(溝上, 2014: 6頁)と定義した。もし外化しなかったらアクティブラーニングではないのか。一例として話術がとても巧みで講義が非常に上手な先生がいたとしよう。そういう先生は、学生に刺激を与え、一方向であったとしてもその中に「問いかけ」を加えたり、具体的な説明を入れたり、学生生活や卒業後の人生との関わりを例示するなど、いろいろな学びや考えの深まりを促している授業がある。それにより育っている学生がいることも間違いないだろう。

　だがその場合、その優れた講義を受けて、その学生が必要な知識を身につけたのか、いかにしてその知識を活用して学びを深めたのか、これを証明することができるだろうか。授業を受けている学生の中には、真剣に目を輝かせて興味を持って学びを得ている者もいれば、眠たそうにして机に突っ伏しているような学生だっている。やる気のなさそうな学生に対してどのような配慮や対応をしているだろうか。もしその配慮をしなかったとして、あなたは教員として教育への説明責任を果たすことができるのだろうか。寝ていた学生が悪いと一刀両断できるだろうか。

各巻との関連づけ

第4巻の「大学教育におけるアクティブラーニングとは」と題する第2章(溝上慎一)で、アクティブラーニングの定義、ならびに、政府のいわゆる『質的転換答申』(2012年8月28日)の「アクティブ・ラーニング」との共通点、相違点を説明しています。

　以上も踏まえつつ、「アクティブラーニングを実施する上で気をつけるべき3つのポイント」を紹介する。
　第一のポイントは、学生の学びに最後に実施責任を持つのは、教育を創意工夫して単位合格の決定権を握る教員自身だということである(=FD: Faculty Development教授法改善)。第二のポイントは、科目の学習目標やアクティブラーニング実施の狙いに順ずるような「学び」そのものがしっかりと得られる

ことである(=ラーニング)。第三のポイントは、学生の主体的・能動的な態度・姿勢を尊重することである(=アクティブ)。なお、主体性という言葉の使用にあたり注意すべき点について、第4章で後述する。以上をまとめると、これらのポイントは総じて、学生が「アクティブ」にしっかりした「ラーニング(学び)」をするように「FD」として教員が責任を持つことを意味している。

　アクティブラーニングの失敗事例との関わりで補足すると、定義により3つの失敗が考えられる。一つ目は、学生が「アクティブ」でないような学びである。二つ目は、アクティブであっても「ラーニング」がないことである。そして三つ目は、学生が学んでくれないことを「教員自身の問題(FD)」として考えないことである。これらは、本書が想定するアクティブラーニング失敗の基本三事例である。

　これらのアクティブラーニング失敗の基本三事例でとくに注意を払いたいところは、「アクティブでない」とはどのような事象のことをいうのかという点である。そこで、以下にアクティブでない学びを指し示すような典型的な諸症状を示すことにしよう。それらは4つある。

①訓練された無能

　いわゆる「状況変化に対応できない」ことであり、同調過剰とも呼ばれる。目の前の授業内容にはしっかり取り組んで教えてもらった知識技能についてはとてもよく学んでくれている。この意味で既習の知識技能についてはよく訓練されているのだが、何かの新しい場面や状況にこうした知識技能を適用させられない、あるいは応用が利かないという「転移(transfer)」の問題でもある。ときとして優等生タイプにこの傾向が見られることがある。まさしく知識技能をパッシブ(受身)に学んでいて、問題が異なる形で表現されるともう対応できない。すなわち学んだ知識技能はただ記録・保管されただけで、アクティブに活用できるようになっていないのである。この意味で、「学びのアクティブ化」ができないことなのかもしれない。

②**最低許容行動**

いわゆる「積極的に行動しないこと」であるが、直前で述べた「訓練された無能」とは少し異なる。訓練された無能は、既習の知識技能の応用が利かないことをいうが、これに対して最低許容行動とは、規則遵守に関することがらである。処罰されない程度にルールに従うけれども、最低限やらなければならない行動を超えて、さらに積極的に行動することをしないことである。違う表現をすれば、自分に許容されている最低限の行動だけをして、それ以上のことを積極的にしようとしないことが「最低許容行動」なのである。

たとえば、学生たちにレポートを課したとしよう。教員の狙いには、学生に難しいテーマに発展的に挑んで欲しいという思いがあったが、残念ながら学生たちが書いてきたレポートは当たり障りのない内容の(教員にとってはつまらない)ものばかりであった。学生にとっては、難しいテーマに挑んで失敗して評価を落とす恐れ「ハイリスク」と、ミスのない確実な作業ができる「ローリスク」とを、ただ天秤に掛けただけの合理的な行動ともいえよう。狙い通りに難しいテーマに発展的に挑ませたいのであれば、(1)そうすることにより高い評価が得られる(＝ハイリターン)とともに、(2)難しいことに挑んで上手くいかなかったときに必ずしも低評価を受けない(＝ローリスク)であることを示して、(3)それはどの教科書にも掲載された無難なテーマを選ぶよりも高く評価されるという「評価への期待」を持たせてやることが、一般的には解決策になるだろう。

③**目標の転移**

いわゆる「形式主義の罠」のことである。今そのように学習している背後には、いろいろな試行錯誤を通じて、それが効率的に目標に到達できるから、そのような学びのカタチになった事情がある。それは具体的な文章や口頭伝承を通じて形式化され、将来に伝えられる。ただし、やがて時間が経過するうちに、その「今の学びのカタチ」そのものを実施することが目標になってしまい、元々はそれがさらに上位の目標到達のための手段だったことが忘れら

れてしまうことがある。これが「目標の転移」である。別の場所でも述べたことであるが、一度そのやり方で成功すると、どのようにしてそれが成功したのかについての十分な検証がなされないままに、そのやり方が全面的に肯定されてしまうことがある。

　ただし、形式主義のすべてが悪しきものかといえば必ずしもそうとはいえない。今の学びのカタチには一定の効率性があるのだから、それが形式化されてきた経緯を忘れてはならないだろう。ただ新しい学びのカタチに変えればよいという安易な発想で指導すれば、それこそ「形式主義の罠」に陥ってしまい、本来追求すべき目標を見失いかねない。たとえば、現在している一方通行の講義が「もう時代遅れだから」との理由で、あるいは「昨今の流行で政府も学校もその方向に進めようとしているから」との理由で、安易にアクティブラーニングの多様な技法の実践に走ろうとする動きが一部に見られる。本項目で述べてきた理由から、形式主義の罠に陥らないように注意したいところである。本義である科目の学習目的をしっかり念頭に置いて、この機軸から離れないことが大切である。

④革新の阻害

　革新の阻害とは、読者の方がぱっと予想するような「新しい発想や実践をしなくなる」ことを意味して用いるのではない。その意味ならば、先に述べた②最低許容行動の中に包含することができる。ここでいう革新の阻害とは、いわゆる「変化に抵抗する」という意味である。何か新しいことを試みようとすれば、以前のやり方で慣れ親しんでいる、ある種の既得権益を保持したメンバーからの抵抗にあうことは非常によくある。

　アクティブラーニングの文脈で言うなら、これまでの一方通行の講義に慣れ親しんでいる教員にとって、新たな教育手法を一から取り入れることは困難かもしれないし、また自分のペースで授業を進めてきた者が、学生やその他の協力者の意見を取り入れながら臨機応変にその場の授業を組み立てることも、一つの困難かもしれない。これは学生にとっても同じことで、一方向

で講義を聴いてきた者が、急にグループワークで自分の意見を発言することは困難なことだろう。また、平素あまり深く考え抜くことをしてこなかった者がアクティブラーニングで「深く考えなさい」と作業指示を受けても簡単にできるはずもないだろう。もっと問題なのは、彼らがアクティブラーニング型授業を進める上での抵抗勢力になりかねないことである。

こうした問題を解決する特効薬はないので、トップダウンやショック療法を用いることになるか、あるいは時間をかけて経験を積み、慣れていくことになるだろう。

以上、述べてきた「アクティブでない学びを示す4つの症状」は、官僚制の逆機能（マートン, 1961：第2部）と呼ばれるものである。講義でも、アクティブラーニングでも、ある程度型にはめることの良い点と問題点を考えることが重要である。

(2) 能動的なのか／受動的なのか

> Q．アクティブ（能動的）とパッシブ（受動的）はどう違うのか？
> Q．パッシブな学びは否定されるのか？
> Q．アクティブな学びはどのような学習目的を達成するのか？

アクティブラーニングについて、もう一つ多くの先生方からご指摘を受けるのは、どこから「アクティブ（能動的）」と考えるか、あるいはどこまでが「パッシブ（受動的）」なのかの線引きについてである。極端でわかりやすい事例を挙げれば、教員が学生に「グループワークをしてください」と指示したことをもって、教員からの指示で学生が活動するため、これはすでにアクティブとは言えないのではないかというような議論である。

これは著者にとってはナンセンスな議論のように思われる。なぜなら同じ指示で動く学生の行動は、よく観察すれば実に多彩であるし、それは学生がその指示に対して各々で理解したこともその対応の仕方もそれぞれ異なるた

めである。別の表現をすれば、能動と受動は相対的に捉えられるところがあり、制約が大きければ逆に燃えることもあるのである。

　能動と受動に対する捉え方は、学びを考える上で、実は重要なことである。学年が進むにつれて、学習の過程はすべからく易から難へ進んでいくことが一般的であり、最初は教員が与える部分が多くあり、ごく一部を学生に考えてもらうことからスタートしてもよいだろう。そうして身につけた知識が蓄積して増えていくにつれて、徐々に学生が自分で考える範囲を拡大するようにステップアップすることもあるだろう。それなのに「アクティブラーニング」という御旗のもとに、最初から何もかもすべて自分で考えて行動させる、教員の介入はあってはならないというのは理解しがたいし、それでは教員の役割は何なのだろうかということになってしまう。

　アクティブラーニングを授業に取り入れることは、これまでの一方向的でパッシブな「講義」から、学生からのアクティブな外化を伴う学びという、学びの選択肢が1つだけ増えただけのことである。大事なことは、アクティブラーニングを何のために実践するのかということであり、当該の学習事項を深めるディープなラーニングであってもよいし、キャリア形成において他者の考えを広く学んで多様な選択肢の中から自分の考えを確立しようとするようなラーニングであってもよい。果ては、低学年での入門的な科目であれば、来年以降に学ぶだろう後段の科目での学習を円滑に進めるために、楽しく知識を習得することが目的となるようなラーニングがあってもよいだろう。

　いずれにせよ、科目の学習目的を達成するために、「講義」という手法が役立つのであればそれを採用すればよいし、逆に「アクティブラーニング」という手法が役立つならばそれを採用すればよいのではないだろうか。だからこそ、講義が90％くらいをしめ、残り10％くらいは知識習得を確認するようなアクティブラーニングも、その一つのカタチであろう。この点は、第3章で詳述する。

(3) 学生はアクティブに学んでいるか

> Q. カタチばかりのアクティブラーニングとナカミある講義ではどちらの方が学習効果が高いか？
> Q. アクティブであればラーニングは犠牲にできるものなのか？
> Q. パッシブな教員からアクティブな学びは生まれるだろうか？

　これだけ「アクティブラーニング」に対する強い声が出ているので（ときには全校挙げて大合唱する動きもあるようである）、教員は「講義だけ」をこれまで通りに進めることに肩身が狭くなり始めているようである。アクティブラーニングの導入に懐疑的な教員はおそらく少なからずいるけれども、実は教育者として真剣に学生の成長を考えている教員も少なくない。いやむしろ否定的な声を強く出す人には、それだけ講義中心の授業で真剣に学生を育てようと工夫してきたからこそ、その自分の努力が簡単に否定されてカタチばかりの教育手法に傾倒していくことに疑問を感じているのかもしれない。

　異なる視点から同じことを言おう。アクティブラーニングは、学ぶのはあくまでも学生自身であり、学びのカタチは本来、学生ごとに多種多様である。教育のカタチのバリエーションや選択肢を増やすことは必要かもしれないが、あまり教育のカタチを決め付けてしまうと、学生にとっても押しつけられたものになるため、創意工夫が働かない。できるならばその学生に合わせたカタチを許容してその学びに自然に取り込まれるように工夫することが大切なのかもしれない。

　改めて原点に戻れば、アクティブラーニングへの要請の一つは、学問の世界から出てきたものというより、実社会から出てきたものである。知識を獲得するだけでなく、社会でその知識を応用し実践できるようにすることに対する大学への要請が大きくなってきたということであろう。

　アクティブラーニング失敗事例との関わりで言えば、「アクティブ」を重視した結果、「ラーニング」を保証できなくなってしまい、悩んでいる教員がいる。知識獲得を主たる学習目標としている科目が、大きくアクティブラーニ

ングを採用するように強制されること自体が、アクティブラーニング失敗事例になっている。

　著者が思うアクティブラーニングとは、何も難解なものではなく、「学生が生き生きと（アクティブ）学びをすること（ラーニング）」であり、「そのために教員が創意工夫を働かせる(FD)こと」である。世の中にはアクティブラーニングという用語を使わなくとも、自然にアクティブラーニングを実施している教員はたくさんいる。「どうやって自分の授業に学生を乗せていくのか」「どうすれば学生のさらなる成長につながるのか」といった、教育本来の醍醐味や原点に戻って、それこそ肩の力を抜いて気楽にアクティブラーニングを考え、そして本書と向き合って頂けたら大変幸いである。

(4) アクティブラーニングの教育環境

　学生の能動性に刺激を与えて学びを導く上で、参考にすべきフレームワークを次頁の図1-1として掲げた。これは、アクティブラーニングの教育環境を図示したものである。3つのポイント、すなわちA.中心＝教員、B.3つの階層、C.4つの領域を以下にそれぞれ解説する。

A 中心＝教員

　先にも述べたように失敗事例からアクティブラーニングを学ぶフレームワークは、教員自身の創意工夫を促すFDとしての要素を供えていなければならない。したがって、教員を中心にすえてのアクティブラーニングの教育環境を組み立てている。

B 3つの階層

　3つの階層とは、最も基底にあるものから①クラス、②学内環境となり、最も上部にあるのがマクロ環境である。教員からすれば、一番身近にあるのがクラスであり、次に学校の諸々の教育環境であり、それを取り巻く要素として国や地域社会などのマクロ環境ということになる。

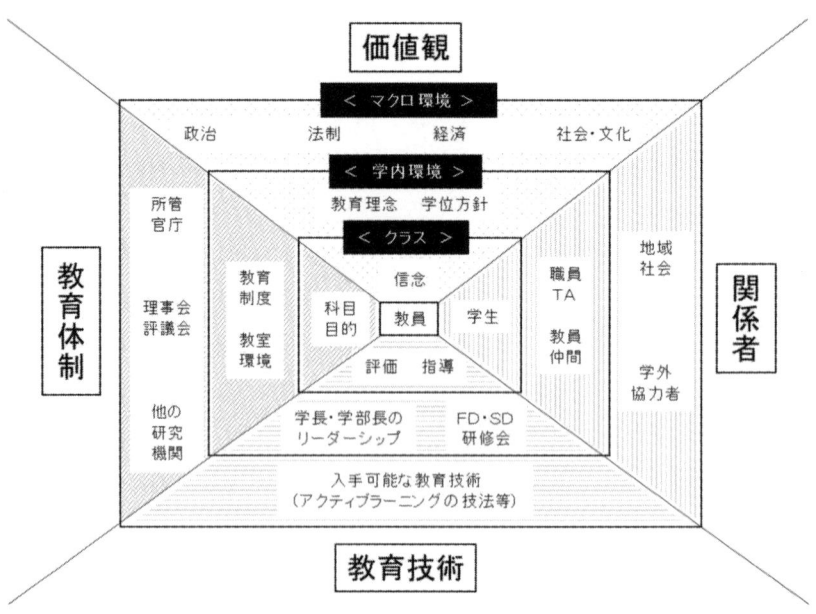

図1-1　アクティブラーニングの教育環境

C 4つの領域

4つの領域とは、①価値観、②関係者、③教育技術、④教育体制から成っている。「①価値観」とは、各クラスで教員個人の教育上の信念などに基づいて教育がなされるが、学校の教育理念や学位方針に影響を受けているし、これらも国の政治・法制・経済・社会文化との関連があるという意味である。「②関係者」とは、クラス内での最も身近な関係者はもちろん学生であるが、学内環境では教職員やTA（Teaching Assistant学生補助者）との関わりが出てくるし、サービスラーニングなどをすれば地域社会や学外協力者などとの関係も生まれてくる。「③教育技術」とは、クラス内では評価・指導で必要となるが、これらは学校の学長・学部長のリーダーシップやFD・SD（Staff Development職員技能向上）とも無縁ではないし、さらには学外から広く入手可能な教育技法などにも刺激を受けるということである。最後の「④教育体

制」とは、教員にとって自分の担当する科目の目的は強く意識するところであるが、これらはカリキュラムや教室環境などの制度的要素とも繋がりがあるし、さらに突き詰めると理事会・評議会や所管官庁の政策運営方針や他の研究調査報告書等からも影響されたものとなっているかもしれないということである。

　ときとして教員は自分の担当するクラスは自分のものだと「お山の大将」のような考え方をすることがある。けれどもこの図からわかるように、アクティブラーニングを推進する上で教員の個人的な考えだけではどうにもならない教育環境の要素が多数存在するし、そして学生の学びを創りあげようとすればそれだけ多くの要素に配慮しなければならないのである。アクティブラーニングは、教育者が個人単独で行う優れた実践事例として紹介されることがあり、それはそれで大切なことである。しかしながら、学校教育として見たとき、一人のスーパーマンの力だけで学生が育つわけでは決してなく、最後は学校全体としての教育のしくみとして、あるいは国の問題として学生の成長を考えることも検討に値するだろう。

> **まとめ**
> - 本書の意図と狙いについて、とくに「なぜ失敗事例から学ぶのか」を中心に、その重要性を解き明かすとともに、「失敗事例から学び成長するアクティブラーナー」の育成を本書の目標として掲げた。
> - アクティブラーニングで注意すべきこととして、「形式主義」「二重の責任」「試行錯誤＝小さな失敗」「教員自身が前を向く」「学習者の意識も転換する」などを紹介した。
> - 本書の立場として、「外化」「能動／受動」「教員と学生どちらがアクティブなのか」など、問題提起とともに本書の立ち位置を紹介した。

文献

マートン, R. K.(1961).『社会理論と社会構造』(森東吾・森好夫・金沢実・中島竜太郎訳) みすず書房.

溝上慎一(2014).『アクティブラーニングと教授学習パラダイムの転換』東信堂.

さらに学びたい人に

- ホイットニー, D.&トロステンブルーム, A.(2006).『ポジティブ・チェンジ―主体性と組織力を高めるＡＩ―』(株式会社ヒューマンバリュー訳) 株式会社ヒューマンバリュー.
  ▶失敗を学ぶ前段となる前向きに物事に取り組む心理学アプローチを紹介する。

- 角方正幸・松村直樹・平田史昭(2010).『就業力育成論―実践から学ぶキャリア開発支援策―』学事出版.
  ▶大学と産業界の両方の視点から人材育成のあるべき姿を論じる。

- 石井潔(1998).『自律から社交へ―新たな主体像を求めて―』青木書店.
  ▶現代における自律的主体と反省的主体を捉え、理論と現実を相克する主体像の構築を目指す。

第2章

アクティブラーニング失敗事例ハンドブックから

第1節　アクティブラーニング失敗マンダラ

(1) 失敗から学ぶ3つの方法論

　失敗事例から学ぶべきこととして、ここでは「A．場面の重視」、「B．対話の促進」、そして「C．改善の促進」の3点を強調したい。ミニ失敗事例を織り込みながら理解を助けたい。

A．場面の重視

　最も重要なことは、場面を重視する、すなわち「文脈や途中過程(プロセス)を重視する」ことである。わかりやすくするために、成功事例と比較して考えてみよう。成功事例では、結果的に成功したという結果事実が重視され、成功するに至った途中過程が見過ごされることがある。逆に失敗事例では、なぜ失敗に至ったのかを検討するため、途中過程(プロセス)を重視することが多い。

ミニ失敗事例1．学ぶべき学年は適切に組み立てられているか

[事例]

　ある初年次の授業で、毎週のように外部から来客を迎える授業があり、こ

こではせっかく来てくださったお客様に喜んでいただけるよう、学生からのリアクションを生み出そうと努力した。学生には来客者に関することを事前に「予習」させるようにして、質問時間は来客者への積極的な質問を促し、この授業そのものはそれなりに活発な質疑が実践される授業となった。

しかしながら、せっかくこうして100名以上もの大勢の前で自ら挙手して発言する「習慣ないしクセ」がついたにもかかわらず、これをその他の授業でも実践するような機会がなかった。これではほんのひとときの「ちょっと変わった体験」をしただけで終わってしまう。

[知識化]

この事例からわかることは、いくつかある。

①まず何をもって成功とするのかの判別が難しい

ただ目の前の一つひとつの出来事を上手に処理できたという結果をもって成功としてしまいやすいことである。本ケースの場合も、クラスそのものは教員の狙い通りに学生が、しっかり講義からの学びを得るとともに、礼儀をわきまえつつ自らの素朴な疑問や問題意識を来客講師に尋ねる、活発な質疑が行われた。

第一に、その成功はそのクラスだけに一時的にもたらされた現象であるかもしれない。学生がせっかく身につけたスキルも、その他のクラス等で実践したり磨いたりする機会に恵まれなければ、宝の持ち腐れになってしまう恐れがあるだろう。

第二に、その成功要因は、「こうすれば成功できる」という、ある種のティップス集としてまとめられることがときとしてある。けれども、それはそのまま使ったときに、どの学年のどのクラスでも同じような成功をもたらしてくれるだろうか。そんなこともあるかもしれないが、必ずしもそうとは限らないことだってあるだろう。

大事なことは、それがどの場面でどの頻度で活用すればよいのか、またそ

の活用に際しての注意事項などを含めて体系的にまとめることである。そのようなものはそう多くあるわけではないし、作成したところで成功に至るすべての文脈を織り込む作業は膨大かつ複雑な作業となり、できあがったマニュアルも読むのをためらうような多量なものになる可能性がある。

さらに悪い場合には、成功したその事実に気をよくしてしまい、何がその成功要因だったのかを反省し、振り返り、次の成功につなげるための糧とする作業を怠ってしまいがちになることである。「勝って兜の緒を締めよ」とはこうしたことへの戒めを説いた言葉である。もちろん成功から学べることも数多くあるし、否定するつもりもない。ただし、所期した成果を上げるためには、その成功からどのように学ぶか、その学び方に気をつける必要がありそうである。

②**学生のエフォートや経験値を考慮する**

学生は、1つの科目から学べることは限られている。大学生であれば、半期で10科目くらいを履修登録することがある。その中のわずか1つの科目で非常に優れたアクティブラーニングを経験したとしよう。そこから得られるものは確かに大きく、学生の学習経験の中に歴然と刻まれるようなものになるかもしれない。

だが、エフォート（努力比率）を仮に計算すれば、たとえば単純に半期10科目中のわずか1科目であれば、0.1になる。わずかな数字であり、ここで学んだことが本当に学生に定着するといえるだろうか。本当に定着するには、半期ごとに習得した技能を繰り返し使用する機会があり、そうすることでこれは経験値として学生の中に深く刻まれていき、さらに応用力がきくようになる。これはほとんどの場合、カリキュラム（能力マッピング）によって対応するしかなく、全学的（全校的）な課題になってくる。

③**失敗事例は文脈を大切にする**

先述したように成功したときにはどのようにして成功できたかの検証はなかなかなされないものである。これとは対照的に失敗は、いつ(When)、ど

の文脈で(Where)、具体的にどんな行動をしたことが(What)、どのような背景から生じてどのように進行したのか(How)、そしてどういう問題や結果を引き起こしたのかあるいはなぜその問題が重要なのか(Why)、という5W1Hの文脈を生々しく意識することになる。そうすると「将来に起こりうる失敗をあらかじめ考慮に入れる」ことができるため、さらによりよい教育のデザインができるようになるのである。

B．対話の促進

　失敗から学ぶべきことの2番目は、「対話の促進」である。誰しも失敗はしたくないし、自分の犯した過ちを他人に見せたいと思わないものである。できることなら、自分の成功した体験談を他者に語って聞かせたいものである。だが、成功の体験談よりも、なぜか苦労談や失敗の体験談の方が聴く人たちにとっては親近感が感じられるようである。

ミニ失敗事例2．成功談はときとして盛り上がりに欠ける

[事例]

　ある大学で、成功した卒業生たちを招いて、在校生の前で話をしてもらい、進路に向けての意欲づくりを毎年試みている。卒業生を招いた次の回の授業で、学生によるグループワークを実施し、どのような学びを得られたのかを話し合いしてもらい、グループごとに発表させている。

　あるときグループワークを見ていた教員が、学生の話し合いが盛り上がるときと、あまり盛り上がらないことが傾向として見られることに気づいた。その違いは、卒業生の話し方に原因があったようである。具体的には、このように成功した、このような実績を挙げたなどの成功談ばかりを聴かされた学生は、「すごいけれど、このような先輩は自分とは別世界だ」と感じられ、グループ討論もどこか上の空になるようであった。つまり、成功談の場合は「すごいね」で反応が終わってしまうことがあった。

一方、先輩が「大学時代はこんな苦労をしていた」、「アルバイトをしていたときにこんな失敗があり、これを機にして自分が変わった」などの話が出てくると、次回のグループ討論では、「自分がいまサークルでこんな苦労をしているけれど、これも将来活かせるのだろうか」などの身近な話題として自然に盛り上がることもあった。

[知識化]
①自分を相対化するにはプロセスの考慮が欠かせない
　もしサークルやアルバイトなど比較的に身近なところにこのような先輩がいれば、その先輩の成功話を素直に耳にすることができるかもしれない。だが、同じ大学というだけで先輩が出てきて「成功したよ。すごいでしょう」といった話だけをされたら、それを聴いている学生にとっては「あぁそうですか」と感じることになるかもしれない。もしそれが失敗談や苦労談であったならば、「こんなすごい人も実は苦労しながら、悩みながら活動してきたのか」「もし自分が同じような場面に置かれたときにこの考え方をぜひ活用してみよう」「これまでの自分ならその先輩の苦境に遭ったとしたら、どのように考えてどんな行動をとってきただろうか」などの、成長する以前や成長してきた過程も含めた「自己の成長プロセス」についてグループ仲間と話し合いができれば「自己の相対化をする」ことにつながるだろう。

②ちょっとした一工夫で議論は活性化する
　今回失敗したのは誰なのだろうか。表面の現実的な失敗行動だけを見れば、「話の翌週の議論が盛り上がりに欠けた」ことであろう。その結果として、学生のキャリア意識は高まらなかったかもしれない。それでは、その失敗行動の原因はどのように考えられるだろうか。可能性はいくつか考えられるが、「その先輩学生のせい」にしてよいのだろうか。
　FD（Faculty Development 教授法改善）の観点からすると、主要な論点は2つである。すなわち、第一の論点は体験談の依頼の仕方は適切だったのかであ

る。そのお話し会を企画しデザインをしたのは誰(どの部門)だったのだろうか。その先輩学生は、進路等の部門からちょっと頼まれて「自分の経験談を話してください」とただお願いされただけかもしれず、それで責任を問われるのは酷というものであろう。この経験を糧にして、次回にはその先輩に「成功話ばかりでなく、その成功に至るまでにどのような苦労を乗り越えてきたのかについても話してください」とお願いすることが、今回の失敗を次に活かすということになる。

　第二の論点は翌週のグループでの話し合いの課題そのものである。課題内容が「先週の先輩の話から学んだことをグループで話し合いましょう」のお題を30分も話し合いさせたのでは、その議論は半ば盛り上がりに欠けたとしても当然である。一例であるが、(a)先輩の話の要旨、(b)興味を持った点(とその理由)、(c)その先輩のようになりたいか(5点で自己評価し理由も付す)などを課題として、これを一週間で個人レポート作成してもらう宿題を、先輩の話をしてもらう前から告知しておけば、翌週のグループワークがきっと盛り上がるだろう。加えて、グループ5名が各1分で報告し、5分でお互いの意見をグループとしてまとめる計10分のセクションを(a)-(c)の3つの課題(3セクション)で実施すれば、合計30分がかなり刺激的な議論になるかもしれない。フリーライダーを防止させたいなら、以上のようなちょっとした工夫をする仕組みにしておけばよいだろう。

　こうすることで、もし先輩の話が「成功談」に終始したとしても、グループワークそのものはしっかり成り立つように仕掛けを施すことも学生の学びに責任を持つ教員としては考えておきたいところである。

③他者の躓きを他山の石とする

　話はそこで終わらない。この経験を知った第三者の学校や大学の関係する担当者が、「人の振り見て我が振り直せ」との気持ちになることで、躓きの石を他山の石とすることができればということ大事である。これこそが本書を書いている狙いである。

成功した先輩学生の話をきっかけにして在学生の気持ちを奮起させたいといったことは、どの大学でも多かれ少なかれ似たような取り組みをしているであろう。ちょっとした工夫をすることで、失敗談や苦労談をきっかけにした対話の促進ができることは興味深い。

④対話を促せばアクティブラーニングは成功なのか

ただし、「グループワークでの対話が促進されれば」、アクティブラーニングとしてつい成功した気になりやすいが、そうではないことに注意が必要である。このアクティブラーニングの目的である学びは何だったのだろうか。後段でも触れるように、アクティブラーニングを実践するときは、その実施目的を明確にすることが重要である。

C．改善の促進（PDCAの促進）

世の中のことは、とくに他者が絡む場合には、なかなか自分の思い通りにことが運ばないものである。それが、これまで経験したことでなく、初めて取り組むようなことならなおさらのことであろう。最初からどんなことでも上手にできる人などほとんどいないだろうし、経験したものでなければ知りえなかったような事柄を一つずつ自分に吸収していくことで着実に成長していくものである。自分のことであれば、思うようにいかないことを悔しく思い、その次に必ず成功させようという強い気持ちになることだろう。

こうしたことをPDCA（P: Plan計画, D: Do実行, C: Check振返り, A: Action改善）を通じて理解することができる。「P計画」では理想の姿を思い描いて計画を練り上げて、次の「D実行」ではその計画を実行に移す。途中の適当な時期に「C振り返り」を実施して進捗状況や見通しを立てて改善計画を立て、最後の「A改善」でその改善計画を実行に移して最終到達目標に届くように調整を積み重ねる。本書の言う「失敗」とは、このように成功に至るまでの試行錯誤の中で経験するような「思うように進まない小さな失敗」も失敗の一つとして位置づけて、改善を促進するものとして積極的に取り扱う。

各巻との関連づけ

第6巻の「アクティブラーニングを推し進めるための5つの課題」と題する**第3章(成田秀夫)**でも、アクティブラーニングを推進するための設計−育成−評価−運営−環境という課題を有機的に関連づけ、PDCAサイクルを回していくことと説いています。

(2) 失敗マンダラ(鳥瞰図)
A．失敗原因マンダラ

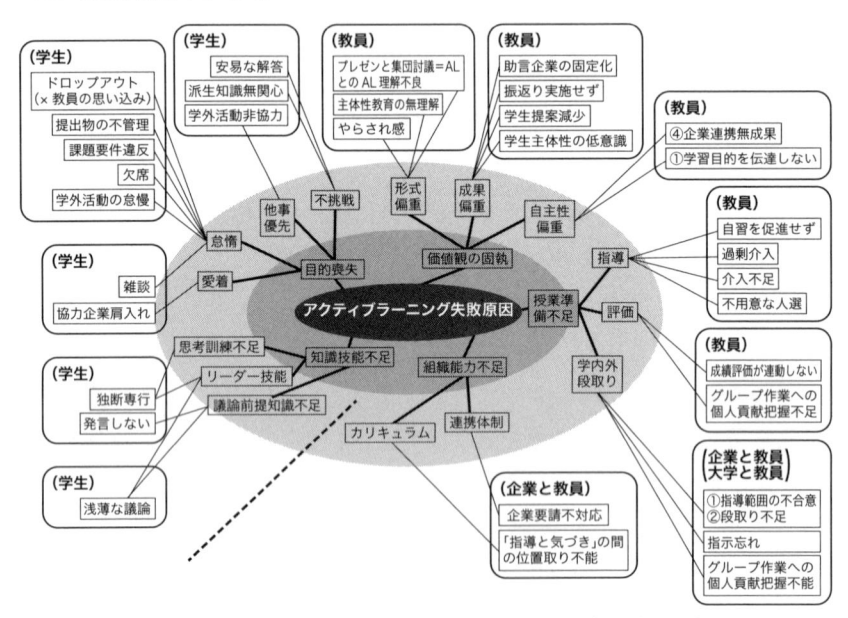

図2-1　アクティブラーニング失敗原因マンダラ(鳥瞰図)

「失敗学」という学問ないしアプローチがある。これは、原発事故や回転扉圧死事故など、社会的にも問題となった大事故がどのように起きたのか、それを防ぐにはどうすればよいのかといった狙いを持って、理系や工学的な発想からアプローチするものである。原因と行動と結果の3つの観点から、そ

れぞれマンダラ図を作成していくところにその特徴の一つがある。それだけでなく、その対策と知識化までを含めてデータベース化している。

これを教育の世界に持ち込んで、失敗原因について作成したものが、図2-1に示した「アクティブラーニング失敗原因マンダラ（鳥瞰図）」である。これより、本章の内容は、『アクティブラーニング失敗事例ハンドブック』を参考にして進めていく（中部地域大学グループ・東海Aチーム編, 2014, 以下ハンドブックと略記）。上図のマンダラもこのハンドブックに所収されている（5-6頁）。

失敗原因の分類原理があるので整理しよう。オリジナルの失敗学では、原因を10に分類整理している。①無知、②不注意、③手順不遵守、④誤判断、⑤調査検討不足、⑥環境変化対応不良、⑦企画不良、⑧価値観不良、⑨組織運営不良、⑩未知である。筆者は「産業界ニーズ」と呼ばれる文科省の教育改善事業で中部地域の23大学とともに、この分類に基づいて、アクティブラーニングの失敗事例調査を実施したことがある。その結果、大半が「組織運営不良」との回答に集中したことがあった。

その経験を踏まえて、研究仲間の7つの大学とともにオリジナル失敗学の分類基準にできるだけ沿って、アクティブラーニングの失敗原因の分類整理をやり直した。その結果できたのが、図2-1の中心のすぐ外側（＝第一円環）に示されているような、①知識技能不足（学生）、②目的喪失（学生）、③価値観の固執（教員）、④授業準備不足（教員）、⑤組織能力不足（組織）であった。

なお、カッコ（　）内の「学生／教員／組織」は、それぞれの原因項目を「体現」する主体である。たとえば、知識技能不足を体現するのは学生だけれども、なぜ不足する事態になったのか、「悪いのは誰なのか必ずしも学生にあるとは限らない」ことを意味している。もしかしたら授業で議論前提となる知識をしっかり与え確認していないのは教員サイドのミスなのかもしれないという意味である。

基本的には①〜⑤については、ご覧になれば概ねのところはご理解いただけると思うが、一つだけ「価値観の固執」について、簡単に解説しておこう。見たところ「形式偏重」「成果偏重」「自主性偏重」との3つの文字が第2円環に

見える。これは、教員自身の「教育への価値観」の問題である。形式偏重とは、やらされ気分で教育に携わることの問題である。成果偏重とは、学習や活動の成果に拘るあまり、つい介入を強めてしまい、学生の自主性が育たないことである。自主性偏重とは、学生の自主性を重んじるあまり、学生が育ってなくても放任してしまい結果的に科目の到達目標に届かない過ちである。とくに「成果偏重」と「自主性偏重」は同じ行動が良くも悪くも出てしまうことを意味していて、簡単なマニュアルではとても対応しきれないので注意が必要である。

この経験からわかったことは、世間を騒がすような大事故の失敗事例と、教育上の失敗事例には、ある一点で大きな違いがあることであった。すなわち、失敗の事実を同定することそのものが難しいということであった。

たとえば、あるグループワークで、ある学生が積極的に自分の意見を語っている場面を見て、ある先生は「活発に議論をリードしてくれる学生がいてよいことだ」と判断することもあれば、別の先生は「かなり強引な押しつけをしていて周囲が萎縮するのでよくないことだ」と判断することもある。現実には、そのどちらも正解となることがあるが、とにかく「その場面や具体的な状況」「科目の目的やアクティブラーニングの実施目的」などによって決まってくるものである。

B. 失敗結果マンダラ

失敗結果マンダラ（ハンドブック：3-4頁）は、左下に伸びる点線から順に時計回りに配列されている。学生から教員、そして組織的な問題に展開していく様を表している（図2-2）。

とくに最近は学外の関係者と連携したような取り組みや活動が増えてきているようである。注意すべきは、失敗行動の顛末が学外にまでおよんでしまうことである。最悪の場合、学校の社会での信用問題に関わることになりかねない。たかがアクティブラーニングかもしれないが、注意しておきたいところである。

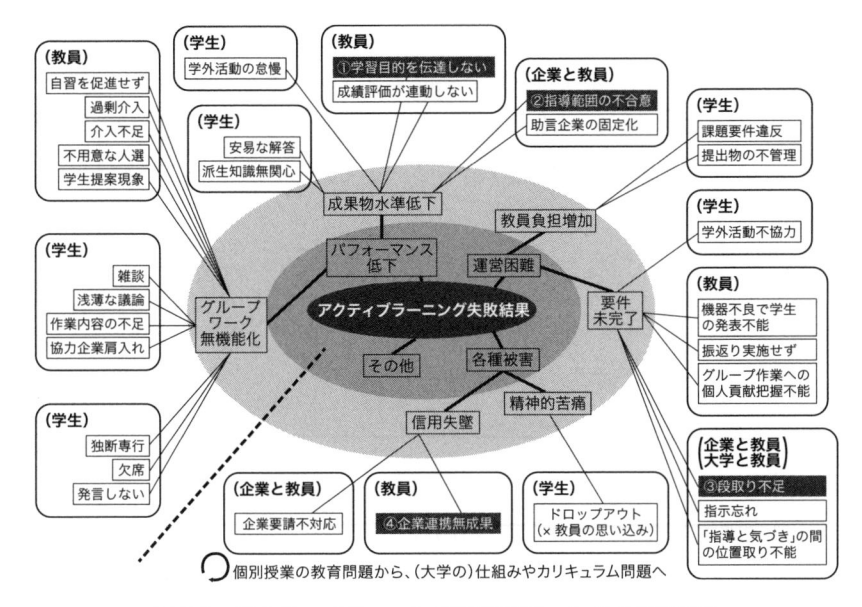

図 2-2　アクティブラーニング失敗結果マンダラ（鳥瞰図）

　それでは、学内や授業内でとどまる失敗なら、大事ではないのかといえば、そんなことはないだろう。学生の成長にとって、そのときに接した教員とのやり取りは時として何気なく発したささいな一言が生徒にとっての一生の傷となってしまうことがある。

(3)「して良い失敗」と「してはならない失敗」の区別

　もし「して良い失敗」と「してはならない失敗」を区別するとすれば、上述してきたような生徒や学内外関係者などを傷つけてしまう失敗は、教員にとってはミスが許されない失敗とも言えよう。また、授業を終えた時点での「学習目的に到達しない」というミスも許されざる失敗であろう。

　各回に実施するアクティブラーニングの個別の失敗は「して良い失敗」としたいところである。先述した科目の学習目的というゴールに到達するためのルートは多様である。だから、個別には反省すべき部分があったとして

も、最終的には目指すところに到達できるという条件つきで許容の範囲内になるだろう。また、オリジナルの失敗学アプローチでも、「未知」(実施して初めて判明した問題)は唯一「して良い失敗」に挙げられている。それでも可能な限りの事前の情報収集と検討は済ませた上での「未知」であることは当然である。

　とくに、これから慣れないグループワークなどにチャレンジしようとする場合、試行錯誤なしにして成長は望めないものがある。教員がこれから取り組むアクティブラーニングがどのような問題を引き起こしうるのかを予見することができるならば、より優れた教育実践につながるだろう。だからこそ本書を記すのである。

(4) 鳥瞰図のその先にある失敗行動分析

　アクティブラーニング失敗マンダラには、それが鳥瞰図であるがゆえに、いくつか注意すべき点がある。

①責任転嫁

　全体を俯瞰するマンダラ図であるため、それが学部長や実践現場の教員、企業講師、学生などの多様な主体の目線からの諸問題をすべて取り入れてしまい、責任転嫁が起こりやすくなるという問題点がある。

②見易さと説明力のトレードオフ

　科目やアクティブラーニングの目的によっては同じ手法や行動をとってもそれが失敗になったり失敗にならなかったりするという問題もある。これはたとえば、以前に特定の行動で失敗したので今回はその失敗行動を回避したにもかかわらず、アクティブラーニングの実施目的が以前と違っていたため、その回避行動がかえって失敗行動になってしまうというような場合である。この問題はマンダラへの注釈を増やすことで回避できる可能性はあるものの、こうした注釈が増えることにより文字が増えてしまい図全体として非常に見

にくくなってしまう。

③失敗行動の同定が困難

　失敗学が一般に想定する人命に関わり社会的に影響の大きな大事故とは異なり、アクティブラーニングの失敗は、教育目的で使用されているため、そもそも何が失敗なのか失敗でないのかが明確ではないし、極端な場合には、その失敗（に見える行動）を経験することも、長い目で見れば当人の学習の発展にとって必ずしも否定すべきであるとは限らないようなケースや議論さえ存在する。

　それにもかかわらず本書でアクティブラーニングの失敗マンダラを取り扱うのは、作成法と使用法を間違えなければ、その全体を俯瞰する意義が活かされる有効な教育ツールになる可能性を潜めているからである。作成法と使用法の正しさは「目的が明確になっているかどうか」に掛かっている。本書ではこの点について、第3章で「講義でのアクティブラーニング」との関わりで具体的に述べる。

第2節　指導面での失敗事例

　この第2節から第4節までは、先の文部科学省「産業界のニーズに対応した教育改善・充実体制整備事業」（平成24－26年）において中部地域の23大学がとりまとめた最終成果物である『アクティブラーニング失敗事例ハンドブック』の中から、選りすぐりの失敗事例を紹介する。

　この第2節はアクティブラーニングの「指導」について、第3節は「評価」について、第5節は組織体制など「その他」について、合計で10の事例を紹介する。産業界と連携した授業での実践事例になるけれども、事例の最後の部分に「ワンポイント解説」として、その事例の読みどころなどについて筆者の目線から気づいたことを加えることにした。

なお、紹介するすべてのケースは、以下の7つの構成になっている。
【1.ケースの概要】
【2.問題行動】どのような問題行動となって現われるのか？
【3.結果】放置するとどのような結果をもたらすのか？
【4.原因】どのような原因から生じるのか？
【5.対策】そもそも経験すべか？どんな対策がありうるのか？
【6.知識化】応用のできる知識にするには？
【7.ワンポイント解説】筆者の目線から気づいたことなど

(1) グループメンバー間のいさかい(ハンドブック：21-22頁)

【1.ケースの概要】
「学生にグループ学習をさせようとしたとき、グループメンバー同士が意見の折り合いが悪くなり、グループの雰囲気が悪くなり、本来すべきグループ作業が進まなくなる」。

【2.問題行動】
グループメンバーの一部ないし全員が「コンフリクト＝葛藤状況」を発生させる。
　①グループメンバーの特定個人が抱えるストレス
　②サブグループ間の対立
　③特定個人やサブグループの攻撃的言動や沈黙
などの具体的な行動となり現象する。

【3.結果】
学生グループにとって、グループワークが「学習する組織」として機能しない結果、作業や成果物水準の低下につながる。学生個人にとって、ストレスによる精神的被害を受ける。教員にとって、科目の学習目的の未達成につながる。外部向けの発表会などが絡んだりすると、最悪の場合、大学の評判低下や信用失墜に至る恐れがある。

【4.原因】
　一般には、「コンフリクト発生源」から生じる。その特定と根絶が重要になる。多様な原因から生じうるため、どのような場合にどう根絶するかの対処法は、状況と場合により異なりうる。
　①自分(たち)だけ頑張ってるのに、周囲は非協力的だと感じた。
　②特定個人の強い主張で自分(たち)の意見がかき消された。
　③せっかく発言した自分の意見を認めてもらえなかったり潰されたりした。
　④機能する他グループと比較して、自分のグループは損だし嫌だ。
　⑤発言したいのだが、発言するネタがないために発言できない。
　⑥グループ作業課題に取り組む意欲に個人差が生じている。

【5.対策】
❖「グループワーク運営」そのものを体得するための授業であれば「〇経験」するのもありうる。ただし、その経験からどのように学びを得るかの組み立てが大事になる。
❖知識の習得を目的とする授業ならば、このような失敗は「×回避」すべきである。作業課題とリズムを工夫することで問題行動の発生を回避することができるかもしれない。
❖知識の応用実践を目的とする授業ならば、この失敗を経験すべきかどうかは「△状況による」だろう。課題解決する過程で相互の意見を相克する経験はときとして必要になる。
❖キャリアの形成が目的であるならば、この失敗を経験すべきかどうかは「△状況による」だろう。キャリア形成上、お互いの考え方を肯定することのできる環境下にあるので、相互に意見をぶつけあってみるのも選択肢の一つになるだろう。

《対処法》
　①双方の話をよく聞くことが、大原則である。
　②放置すると周囲に問題が伝染し、広がる恐れがある。
　③問題行動を罰する場合、学生が納得するかが重要である。

④課題内容と作業時間の適切な設計により、問題発生を回避しうる。
　⑤グループ作業の約束事と、作業目的を伝えることが大事になる。
【6. 知識化】
　ここでは、関連する知識や理論などを紹介することにより、本ケースとは異なるような場面でも、こうした知識を活用し応用することができるようにすることを狙いとしている。

〈A〉コンフリクトの対処行動
　以下の10の選択肢を必要に応じて単独または複数を組み合わせて対処する(Robbins, 2005 = 2009)。
　①拒否(相手と対峙する)
　②強制(権力で相手に押し付ける)
　③妥協(双方が少し折れる)
　④説得(相手に理解を求める)
　⑤宥和(相手を抱き込む)
　⑥譲歩(こちらが折れる)
　⑦協働(仲直りし共に目的を目指す)
　⑧演技(個人の気持ちを抑え、狙いに向けて行動する)
　⑨留保(問題解決を先送りする)
　⑩利用(この葛藤状況を活かして自己の別の目的達成を狙う)

〈B〉コンフリクトの発生源(とその根絶)
　コンフリクトは、以下の5つの発生源から生じる。その根絶のための方策は( )カッコ内に示してある(Daft, 2001 = 2002)。
　①目標(適切なゴールを定め、作業課題を設定する)
　②力とコントロール(強引に押し通すばかりでなく、他者の意見を尊重する)
　③意思決定プロセス(多くの仲間の意見を出し合い議論し集約する)
　④ルールと規範(グループ役割のローテーションなど)
　⑤情報(グループに貢献する独自の情報を収集する)

【7.ワンポイント解説】
　❖グループメンバー間のコンフリクトは可能ならば避けたいところである。なぜなら科目の学習目的つまり本筋とは異なるところでのトラブルになるからである。したがって、グループワークの技法を学ぶ授業があるとすれば、その中の一つの単元としてグループワークの人間関係のいさかいの発生と調停のメカニズムを学んでもよいかもしれない。学生にはメンバー間とのいさかいが発生しないように、教員は細心の注意を払って授業そのものを組立てしておく必要がある。コンフリクトは、経営学や組織論の世界で知見が積みあがってきているので、そのような知識を活用して、事態収拾にあたるのも一つだろう。

(2) 授業のマンネリ化(ハンドブック:23-24頁)

【1.ケースの概要】
　グループワークのとき、各回の授業が同じ流れになる、つまり同じパターンで授業のリズムや「グループ学習の手法」を繰り返し実施しているうちに、学生がそのパターンを飲み込んでしまい、やがて同じ学習方法なのに新鮮さを失ってしまい、学生の学習意欲に負の影響(すなわちマンネリ化)をおよぼすことがある。

【2.問題行動】
　グループメンバーが、同じパターンの授業の進め方に対して、「あぁまたか」といった辟易とした態度を示す。グループ学習の進め方は、それがどのような方法であっても、最初は新鮮であり生き生きと取り組むが、それが続けば徐々に飽きられてくる。以下にいくつか例示する。
　①面倒な課題を早々に片づけようとするやや投げやりな姿勢
　②議論を尽くすなどの手続きを飛ばして結論を求めようとする態度
　③知識吸収への貪欲な態度の後退
　など、「アクティブな学び」の点で問題行動となる。

【3．結果】

「アクティブな学び」への姿勢や意欲の低下は、学習成果物の水準低下に結びつく。過度に投げやりな態度が表面に出れば、協力企業からの信頼や評判の低下につながる恐れもある。

ただし、「グループワークの組立て」をパターン化することそれ自体は、短時間で効率的な学習を導くためプラスの面もある。上手に活用すればむしろ学習成果の向上をもたらす可能性がある。過度なパターン化がマンネリの問題を引き起こす。

【4．原因】

教員が、慣れない産学連携やアクティブラーニングに戸惑い、準備不足になることが一つの原因である。他には、場面に応じた「タイミング」や授業のリズムの活用の仕方に冗長や無駄があることが原因になる。たとえば、次のような場合に起きる。

① 一度やって学生の反応が良かったから次回もしようとの考え。
② 30分で討論させたが、学生にとって漠然とした課題だったのか対応できなかった。
③ 作業課題への趣旨説明に、「期待する努力水準」を示していない。

【5．対策】

- ❖ 知識の習得を目的とする授業ならば、「△特に問題なし」に使用可能。少人数ペアで短時間ワークするような作業は、繰り返し使用しても比較的に飽きられにくい。
- ❖ 知識の応用実践を目的とする授業では、「×回避したい」。このためには数十分程度の比較的長い時間でのグループワークを要することがあり、繰り返せばマンネリ化する恐れがあるためである。
- ❖ 社会人基礎力の形成が目的である場合、「△状況による」判断が求められる。特殊なケースであるが、グループ作業のマンネリ打破を実施目的にする場合には有効かもしれない。

《対処法》

①単調な一方通行の講義だけでなく、「質問」の投げかけ、「小テスト」の実施、「頭の体操」や「(理論が続いたら)事例紹介」など、飽きないように学生の目線をそらす工夫を施す。
②単一の課題で長時間作業にするのでなく、その課題を短時間での複数タスクに分割し、小刻みなテンポ感を出すことを検討する。
③曖昧で大きな課題だと、学生は何をすればよいかわからず途方にくれる恐れがある。教員目線でなく、学生の能力を考慮した課題を組み立てる。

【6.知識化】

〈A〉グループワークの組立て(の構成要素)(ハンドブック:23-24頁)

グループワークを組立てするために考慮すべき項目と、( )カッコ内はその構成要素を示している。

①グループ編成(人数、性別、出身、学年など)
②アイスブレーク
③役割(リーダー、ミラーリング、書記など)
④構造化(解題、課題提示、対話[集団討論やクラス全体討論])、まとめ
⑤学びあいの技法(ラウンド=ロビン、シンク=ペア=シェア、特派員、ジグソー、LTD話し合い学習法など)
⑥授業の規範づくり(マナーや規律)

とくに、④は、特定のものばかり繰り返して実施すると、授業1コマの流れとしてマンネリズムに陥りやすいため注意が必要。

〈B〉タイミング(その手法と役割)(安永, 2012;フェファー, 2008)

①早期察知と先行的行動(埋没回避やサプライズなどの利点)
②遅延(問題行動を止める最良手段の一つ:急いては事を仕損じる)
③期限(勢いや弾みを活かす:鉄は熱いうちに打て)
④検討順序(コミットとアンカリングの作用)
⑤神の微笑み(機運の情勢)

これらの5つの戦術に関する知識を改めて本事例に適用しよう。先述したように作業を分刻みに構成すれば、学生は限られた時間内にリズムに乗って

時間効率的に作業を進められるかもしれない（＝③期限）。また、同じリズムで授業を進めると、これが学生にとってのある種の安心感（＝comfort zone 安心圏）になり、同じタイプの作業に習熟し効率的に進められるようになることがある。ただし、常に同じパターンで進めると飽きられる可能性もある（＝⑤神の微笑み）。

飽きさせないようにする簡単な方法は平素の作業順序を入れ替えることである。グループワークを教員が巡回する順序、グループごとの発表順序、「授業趣旨・個別項目・質疑」の組立ての順序、他にもあるだろう。一般には最初に発表するチームが不利であり、また最後に巡回するチームが不利と言われることがあるので、こうした点に注意が必要である（＝④検討順序）。

ときによっては、「議論の前提となる知識の確認」、「クイズをしてチーム間でポイント獲得を競うなどのゲーム的要素（ゲーミフィケーション）」、「コールドコール（cold call 突然指名して一案を述べさせこれを叩き台に授業を進める）」などの引き出しを準備しておくことで、手や品を変えることでマンネリズムを打破し、学びに向かうための適度な楽しみと緊張感が生まれるかもしれない（＝①早期察知と先行的行動）。

使い方に注意したいのは②遅延戦術であり、これは③期限戦術の逆である。グループ作業の時間を、その場の雰囲気が盛り上がっているので、つい作業時間を急遽延長したくなる。ときとしてこの方法は有効なことがあるが、もっと多くの場合、後で予定していた発表時間や振返り時間が犠牲となることで中途半端に授業を締めくくらざるを得なくなることがある。その他では、学生の発言に際して、教員コメントのタイミングを1，2テンポほど遅らせるなどの間を取ることで、学生にさまざまなメッセージを発することができるので、賢く活用したいところである。

【7.ワンポイント解説】

❖ アクティブラーニングの手法をいくつか覚えて実践するようになると、それで上手くことが運んだ場合はとくに味を占め、同じ手法を繰り返し

用いるようになることがある。ここでは授業のマンネリ化として表現したけれども、本質的な問題はさらに根深いところにある。

❖授業でその一定時間にわたって、「なぜ」そのアクティブラーニングの手法を用いる必要があるのかという点に説明責任が果たすことができるだろうか。一度使った手法は、学生の中にインプットされている。手法に慣れるためであれば、2、3度繰り返せば、完全にパターンに習熟する可能性があろう。だが、前回実施した方法に少しだけ変化を加えることで、学生の中に新しい刺激が生まれて、これが最終回まで新鮮な気持ちで授業に取り組んでもらえることにつながるかもしれない。

(3) 学外からの講演者に無関心(ハンドブック：13-14頁)

【1.ケースの概要】
　大学の低学年での文系学科における理系科目(あるいは理系学科における文系科目)において、他の専門基礎のような多くの科目と異なり、招聘講師の講演に関心を示さず、社会人基礎力の発展が認められない。

【2.問題行動】
　実際のビジネス業務で活躍している企業の担当者を招聘し、外部特別講師による講義を行い、教養的な専門知識の必要性や運用について話してもらったけれども、学生は興味を示さず、講義に集中しない。

【3.結果】
　教養的な専門知識の必要性や運用についての留意事項を講義しても、学生は興味を持たず、所期した学習成果が達成しないし、せっかくの外部特別講義も無駄になる。来客から自学の評判が低下することもありうる。

【4.原因】
❖原理原則を十分に理解させる前に専門知識を「教えすぎる」ことにより、学生の興味がかえって低下する。事例を学ぶにも、原理原則論と実践例の適切なバランスがあるのではないか。

❖ 低学年では、ときとして教養科目の意義についての理解が不足しているし、加えて社会人基礎力の向上が社会に出てから必要不可欠な資質であることを十分に認識していないことがある。

【5.対策】
❖ 原理原則を十分に理解させてから、具体的な題材を与え、レポート方式等で自分の学びが発表できるような機会を設ける。
❖ 外部特別講義についても、質疑応答等で学生に考えさせるような形式にする。
❖ 2年次(遅くとも3年次)には社会人基礎力が自らの将来にとってどのように重要かつ役立つかについて、学生自らが考える機会を設ける。適切な学年の選択および複数年にまたがる学年で繰り返し浸透させることが重要になる。

【6.知識化】
社会人基礎力の広がりおよび品質をアクティブラーニングなどにより、学生自らが考え習得し知識化することが肝要である。このために以下の点を考慮する必要がある。
①教員と外部企業人との事前協議による達成ゴールを明確化する。最初はゴールの項目数を少なめにして育成の焦点を絞り込む。
②それによる学生の達成感の促進ならびにやる気の引き上げをはかる。
以上のことにより、教育改善のPDCAサイクルを循環させる。その後で順次、項目数を増加し、社会人基礎力の習得を最終的に保障する。

【7.ワンポイント解説】
❖ ときとして根拠に乏しい学生の意見や発言で授業が組み立てられる事例が見られる。実践や議論の前提となる知識の量や質を慎重に選び準備する必要がある。
❖ このケースは、第2節から第4節までで取り扱っている12の失敗事例の中で、実は最も深刻な事例かもしれない。なぜなら来客として来てくれた外部講師の目に「この学校での学びはダメだな」との印象を与えること

❖ また、学生にとって「企業人」は、本来は緊張すべき社会人であり大人である。ところが近年は学外との産学連携の試みがかなり増えてきているので、学生にとって適度な緊張感を持つ対象ではなくなっていく恐れがある。もし卒業後の社会を甘く見てしまうようなことになれば、その学生の成長機会を潰してしまいかねず、いっそのこと企業人との出会いを下手に作らないほうが、卒業後に知らない世界に出て行く緊張感が残される分だけまだ救われるのかもしれない。

❖ 以上のように、地域社会や産業界の企業人との連携を組むことは、一般には学生にとって実社会と触れる重要な機会になるものだが、学びの組み立てがうまく行かないときには、リスクの大きな取り組みにもなりかねない。

(4) 課外活動での学生の怠慢な態度(ハンドブック:7-8頁)

【1.ケースの概要】
　授業で単位化されている学外での地域活動にて、学生の怠慢な態度が発生した。

【2.問題行動】
　①コミュニティセンターに設置されてあるロビーのソファで寝ている、私語をする、スマートフォンを使用している、飲食をしている、地域住民に対して質問を受けつけないなどの問題行動となった。
　②コミュニティセンターが騒々しくなり、また学生の出したごみで散らかる。
　③学校主催の地域活動を楽しみにしてきた住民に不快感を与える。住民が会場に入りにくくなる。
　④地域活動中の雰囲気が悪くなる。

【3.結果】
　①やる気のある学生も気が緩んでしまう。

②熱心な教員がストレスを抱える。履修者制限を行うようになる。
③地域住民の大学に対する印象が悪化することにより、地域住民の参加者や協力者の数が減少する。地域からのイベント活動の要請依頼が少なくなる。

【4.原因】
①単位授業の一部であり、また高学年で設定した授業であったことから、単位取得目当てで目的意識に欠ける学生が履修したこと。
②学科主導で授業担当の教員選出を依頼したこともあり、地域活動において必ずしも熱心ではない教員が配置されたこと。
③課外活動の事前学習で、挨拶・言葉遣いなどの接遇練習をさせていたが、怠慢な態度を取った学生はこれに欠席がちだった。
④個々の学生に明確な責任を負わせておらず、教員主導であった。

【5.対策】
- ❖単位認定授業である/ないの問題ではない。
- ❖学生の主体的な思考や行動を促すことが必要である。
- ❖地域活動を授業に組み入れ、積極的に推進するならば、特定の専門人材の活用が必要。ただし、専門人材を採用した場合、学部・学科との距離感が生まれるので注意が必要。
- ❖学長または地域活動推進機関での一本釣りによる科目担当者決め。
- ❖参加した学生の地域活動について、学内で表彰する。セレモニー的要素があり、毎週でも終了時でも開催する意味合いがある。
- ❖学生間でチームワークを醸成するための仕掛け。
- ❖学生に対して、地域住民からのアンケート結果の開示。

【6.知識化】
〈A〉地域活動を行う教員に求められる資質
- ❖ファシリテート能力を有する。
- ❖学生の主体性を促すことができる。短期ではダメ。

❖ 学生と毎日挨拶を交わしている。学生の名前と顔が一致する。
❖ 学生の生活態度に関心があり、指導にも熱心である。
❖ 事前準備を行うことができる。
❖ できるだけ若い教員がよい。
❖ 学生と同じ目線で何かを構築しようとする意識がある。一方的に指導するようなことはしない。
❖ 学生の多様性を受け入れることができる。
❖ 学生が行うことは失敗を起こすのが当たり前であることを認識している。学生のために謝ることができる。

〈B〉学生間の連携に必要な事項
❖ 学生間での一体的な連携をするために、自己発見・他者理解を行うための事前学習が必要。
❖ 上級生をアシスタントとして入れる。
❖ 自分が行っている活動の意味を理解させる。

【7.ワンポイント解説】
❖ 学外活動での学生の怠慢な態度、だらしない様子は、自分の大学の名前を貶めることになりかねないので、注意が必要である。ただし学生が公共の場で(活動振りの成績評価のために)名札をつけて活動するのも不用意なリスクを招きかねないので、学生の名前と顔を一致させるなど何らかの形で対処が必要かもしれない。
❖ それ以前の問題として、学生に緊張感を持って学外活動に出てもらうのは、おそらく事前学習をしっかりとすれば対応可能であろう。ここで個別の行為を一つひとつ取り上げて注意するのでなく、学校の名前を背負う心構えがしっかり伝わることが大事である。

第3節　評価面での失敗事例

> **(1)アクティブラーニングに伴い教員の負担感が増していく**(ハンドブック：25-26頁)

【1．ケースの概要】
　①組織的なアクティブラーニングを実践するために毎週の講義時間内、講義最終週、学期末にそれぞれ「振返り」を実施することと、②科目成績評価は、学習のプロセスを評価する「学習過程評価」(アクティブラーニングに対応)と科目の学習目的に到達しているのか／いないかを評価する「学習成果評価」の二つに分けて実施したが、学内的な混乱を招いた。

【2．問題行動】
　昨年度とは異なる新しい授業スタイル、成績評価方法について、学生・教員から不満が噴出した。授業改善アンケートにおいて、講義の運営について不満足の結果が現れ、教員のネガティブキャンペーンが開始された。

【3．結果】
　①講義時間が90分ではなく実質60分となってしまう。
　②講義最終週が、講義空白となる。
　③学生が成績評価への不信感を高める。学生のやる気が失われる。
　④保護者や学生の出身校において評判低下や信用失墜に至る。
　⑤授業の達成目標に到達できていない科目も発生する可能性がある。

【4．原因】
　①授業運営および評価方法を大幅に改定した。
　②教務委員長の説明不足。
　③教務委員の理解不足から、各学科に趣旨を伝達されていない。
　④教員はアクティブラーニングを縮小解釈している。
　⑤教員は変化に臆病である。

⑥学生の理解が得られていない。

【5．対策】
❖このようなシステムを導入するにあたり、学部長・学科長にも意見聴取してから運用開始したが、専任教員および兼任教員に理解が得られず、時間をかけた説明をすべきであった。

❖本システムの説明資料を作成し、教員全体に説明を行ったものの、大幅な改定であったことから、資料が多くなりすぎ、理解を得られず、単元に分けて説明すべきであった。

❖アクティブラーニングについて、学科ごとに勉強会をお願いし、その成果を期待したが、容易には勉強会は実施されないため、教務委員長が説明し理解を広めるべきである。また、このためには委員長が各学科教員と同僚性の文化を構築する取り組みを就業時間外に実施すべきであった。

❖学生には、講義開始前のガイダンスにおいて、本制度と成績評価についての詳細な説明と、対話の時間を設定すべきである。

【6．知識化】
〈A〉学習のプロセスを評価する「学習過程評価」を受け入れがたい科目がある。それは講義・演習・実習・実験・実技のうち「実習・実技」であり、とくに最終的な成果作品を重視して評価するような美術系科目は、学生・教員から大きな反発がある。「学習過程評価」の意味を学生・教員ともに適切に共有・運用する必要がある。

〈B〉学生の不満は、科目の授業改善アンケートから確認できる。

【7．ワンポイント解説】
❖このケースの読みどころは「学習過程評価」や「形成的評価」をしようとすると、学生にとっては学ぶものが大きいかもしれないが、これをシステムとして全学に大々的に適用しようとすれば、教員と学生の双方にとっては相応の大きな負担になって跳ね返ってくることである。

❖たとえば、授業内小テストへのフィードバックの負荷を減らすために、ある教員は数種類の「判子」を使い分けて、効果的にメッセージを送った

り、その小テストを自己採点させて、模範解答と解説まで済ませて、それでもなお質問がある学生の回答依頼だけに応じたり(つまり希望のない学生にはフィードバックしない)などの対応策がありうる。
- ❖ このようにして負荷は減らしつつも、途中過程評価をして学生の学びにつなげようとする、いろいろな工夫の余地は今後もさらにノウハウやアイデアを共有していく必要があろう。

(2) 学びのための成績評価にならない (ハンドブック：31-32頁)

【1．ケースの概要】
　学生に学習タスクを与えた際、成績に関係ないとわかった瞬間にやる気をなくした。

【2．問題行動】
　学生は成績に関係のないタスクに対して努力しようとしない。また教員も学生のやる気がないのは学生のせいであると結論づけて対策を練らない。

【3．結果】
　学びが疎外され、学ぶ姿勢も損なわれてしまう。また教員もやる気のない学生を無視して、できる学生だけを相手にしようとするようになる。

【4．原因】
　学生は学位および単位取得という外的動機で大学に来ている。また教員も内的学習動機に基づいた深い学びをさせたいという思いから、外的学習動機を利用した学習を嫌い、実用的な対策を練らない。

【5．対策】
- ❖ 学生が成績に関連した作業に対してやる気を見せるのであれば、すべての作業に対して成績に関連させる。少なくとも学生に対してはそのように見せかける。
- ❖ 中間テストやレポートを行う場合はフィードバックが次の評価につなが

るようにする。たとえばレポートの場合、フィードバックを与えた後に再提出させ、改善が見られた場合、評価を上げる。
❖教員は学生の学びの状況を中間評価としてコンスタントに提示する。たとえば後何回発言すればクラス参加や貢献などの成績評価項目が一段階上がるか、など。
❖評価のプロセスに学生を関わらせることにより、学生を評価のステークホルダーに含める。たとえば試験問題の作成にも初期の段階で学生に関わってもらい、試験問題自体を議論していく過程で主体的学びの姿勢を育む。レポートやエッセイにおいてもルーブリックのような評価項目をコースの早い段階で公表し、授業内で議論することで、レポートを書く際の重要箇所を明確にすることで学生もどのようなレポートを書くべきかが想定できる。

【6.知識化】
〈A〉外的学習動機利用した学び
学生はコースや学びそのものではなく評価に従事する傾向がある。
〈B〉内的学習動機＝深い学び
内的動機による学びのみが深い学びであるという、教員が抱えている「常識」。
〈C〉学生の評価プロセスへの関わり
学生が評価プロセスに関わることにより、外的動機による学習にも主体性を持たせる。

【7.ワンポイント解説】
❖このケースの要諦は、2つある。第一に、学生は単位に直結するような外的学習動機を原理として行動するのだから、学びにつなげたいのであれば、それを成績評価項目としてしっかり関連づけることが大切であるということがある。
❖しかし、成績評価をそのまま外的学習動機の項目とするかどうかは、実は難しいところがある。単位取得を目指して努力水準を戦略的に下限にコントロールしてくる都合のよい学び方をする学生は、たしかに「単位さ

え取れればよい」と教員目線から批判されることがある。だが、本人からすれば内定企業で働くための資格取得に専念したいという合理的な選択なのかもしれない。また、自ら高い目標「オールＡ（優）」評価を目指して、自己を鼓舞して積極的に学びに取り組む学生もいるが、これは外的動機なのか内的動機なのか区別がつかなくなるような事例にもなりうる。

❖これは内的学習動機についてもあてはまる。自分自身の将来への興味関心から内的学習動機に基づいて大変自主的に学びを積んでいるように見えた学生が、実はただ興味ある読書にとどまってしまって、なんらの深い学びにつながったことを示すような学習成果を何も出せないこともある。

❖本ケースの第二の要諦は、学生の外的学習動機の傾向と比べると、教員は学生に内的学習動機を期待する傾向があることであった。上述したように、成績評価が必ずしも外的学習動機に基づくものと決めつけることはできないけれども、成績評価をうまく活用し、必要に応じて評価基準を学生に示し、議論を誘発させながら、学生の成長を導くことは確かに検討に値するであろう。

(3)企業と大学とで成績評価の観点が食い違う(ハンドブック：33-34頁)

【１．ケースの概要】
　企業人による講義を受け、指定されたテーマに対する解決策をグループで導き出す授業において、最終成果物に対する評価が企業人と教員の間で大きく異なった。

【２．問題行動】
　最終的に発表する課題について、具体的にどのように発表すればよいのか、解決案として何を求められているのかについて、基準が曖昧であった。そのため、グループワークの進み具合に差が見られた。企業人の頭の中には理想的な成果物があったようだが、具体的な説明はないため、学生としては見通しが立たなかったようだった。

【3.結果】

❖ 企業人の講義内容に沿った成果物を提出したグループが高評価を得た。独自のアイデアを盛り込んだグループの評価は低かった。学生には評価理由に納得できていたのか、疑問である。

【4.原因】

❖ 企業人と教員との評価基準に関する共通認識の不足。

❖ 教員が、企業人の望むような成果物を確認できておらず、グループワークを始めた初期に学生にアドバイスできていなかった。

❖ 企業人と教員がそれぞれの評価基準をお互いに伝えていなかった。

❖ 評価基準を学生に示していなかった。

【5.対策】

❖ 企業人の評価基準を成績評価の中心に置くならば、その評価基準を学生に明示する。

❖ 企業人が評価するところ、教員が評価するところを区別しておく。これをお互いに理解し、総合評価における両者の割合を決めておく。両者の評価基準を学生に明示する。

【6.知識化】

❖ ただやみくもに企業人と連携しようとするのではなく、学生のためにどのような授業科目が必要かをまずは設計する。その目的に沿った内容を実施してくれる協力企業を探す考え方を持つ。

❖ フォーマルなつながりだけでなく、インフォーマルなつながりを構築し、大学と企業がともに利益のある関係を築いていく必要がある。気を遣いすぎない関係をつくれるとベストである。

【7.ワンポイント解説】

❖ 教員と企業人とで事前に科目の評価基準や到達目標について話し合い、合意しておけばよいというのが模範解答になるのだろうが、事はそれほど単純ではない。協力を依頼する側の教員(大学)の方が、企業人(協力先企業)に対して依存してしまう関係になりやすい。

❖ 本当の意味で「社会に有為な人材を育成する」との名目で損得抜きに協力してくれる企業はさほど多くないのが実態である。このような理解ある企業であっても、自社からの持ち出しが多くこの関係はマイナスだと判断すれば、その関係は長続きしないものである。

❖ 関係継続に向けて企業側に寄り添っていけば、企業の交渉力が高まるようになり、教員が本来は望んでいる理想的な教育や評価ができなくなってくる恐れがある。一部には、企業人と連携した授業ができること自体に価値を見出す向きがあるけれども、本当にそこまでして協力関係を続ける意味がある連携なのかを今一度考え直さなければならない時がくるかもしれない。逆に言うならば、長続きする関係にはそれなりの理由があるものである。

第4節　その他の失敗事例

(1) 教員によって意識や対応に差がある (ハンドブック：37-38頁)

【1.ケースの概要】
　取り組み対象学科間でアクティブラーニングを実施する方向性に対する教員の意識・対応レベルなどに差がある。

【2.問題行動】
　この取り組みに対して十分に理解していない教員は、アクティブラーニングを重視する制度変更などについて、学生への必要事項などの周知を怠る傾向がある。

【3.結果】
　この取り組みに参加する学生の数が減少するようになる。

【4.原因】
　産業界のニーズに基づく教育改善などに対する意識に差があると、制度への理解度なども低くなっていく。また、教員によってはやらされ感を持っている人

もいる。また、教員の中にはこれまでの自分の範囲を超えることに抵抗感を持っている人も散見される(革新の阻害)。教員は保守的な性向があるのかもしれない。

【5.対策】
　たとえば教授会などのような場で大学全体としての取り組みであることを何回となく話して理解を求める。教員自らが新たな仕事・フィールドに踏み込む努力をするような対策や施策を設ける。

【6.知識化】
　新聞記事などマスコミ報道によりこの取り組みの成功例を周知させる。このような報道前後では教員の意識・対応が明らかに異なっていた。他学からのメッセージやマスコミ報道など(学外からの外圧)は、対学生・教員の意識改革を進める上、良い意味でも悪い意味も強い影響力がある。

【7.ワンポイント解説】
- 3つの考え方がある。第一にやや非協力的な教員を巻き込もうとする場合、個人的に巻き込む方法と、組織的な雰囲気を醸成してしまう方法との大きく2通りのアプローチがある。
- 第二に、内部の会議や人的なリソース(資源)を有効活用して巻き込みをはかる進め方と、外部からの影響力を借りる進め方との大きく2通りの進め方がある。
- 第三に、トップなど上位機関で決定した後で下位の教職員メンバーに下ろしていく方法と、最初からチームや会議に巻き込んで決定プロセスに参画してもらう方法がある。。
- 以上のような3軸で、必要なリソースを用いて、ターゲットに対してアプローチをかけることを意識して使い分けすることが重要である。

(2)学内関係者との打ち合わせ不足(ハンドブック:47-48頁)

【1.ケースの概要】
　授業時間内に、学内インターンシップ(授業内容に関連する部署職員の業務の

補助・観察など)を行った。学生の学びは大きかったようだが、現場の職員の評価は良いものではなかった。

【2.問題行動】
- ❖学内事務職場における職員の作業の手伝いや参与観察をさせるつもりが、いつのまにか無意味に時間を過ごす学生の姿があった。
- ❖学生のために、学生ができる作業を急遽職員が作るという状況が多々あった。

【3.結果】
- ❖教員にとって、授業運営の困難を招きそうになった。
- ❖教員としては参与観察をさせていたつもりだったが、職員からは何もしていないように見えて、学生が職場にいることを迷惑に感じていたという意見もあった。
- ❖今回のことが、今後の協力体制をお願いする上でのリスクとなりかねない。

【4.原因】
- ❖学内機関・部署と連携するに当たり、連携体制の準備が不足していた。学内インターンシップ担当職員とは事前に大まかな内容の検討、スケジュールの確認をしたけれども、その上司や周辺職員などのコンセンサスは十分に得られていなかった。
- ❖教員および学内事務職場の職員間で、学生に何を学ばせたいかという目的と、学生の具体的で詳細な業務内容についての話し合いが不十分であった。
- ❖学内インターンシップ実施環境について、職員が困惑していることに教員が気づくことができなかった。

【5.対策】
- ❖職員が日常の業務などに追われて手付かずにいる業務など、現場のニーズを教員が把握し、業務内容と学びの作り込みが必要。
- ❖学生に対して業務に携わる責任を感じさせる。

❖ 学生には名札をかけさせる。名札には、学生の得意分野などの自己紹介を記入させ、職員の業務補助に役立つ情報を掲示する。職員はそれを見て業務補助を指示できるようにする。

【6.知識化】

❖ 学内インターンシップの実施前だけでなく、実施中に当たっても、職員と教員が報告・連絡・相談を行うことが必要である。
・打ち合わせ内容や決定事項は、メールなどで関係職員と教員で頻繁に情報共有しておく。

【7.ワンポイント解説】

❖ 教員と職員とでは、平素における学生との接し方や距離の作り方、声のかけ方、また学内での人脈ネットワークの対象相手、頻度や密度などが大きく異なっている。とくに人脈に着眼すると、教員と職員はある種の役割分担をしているということもできよう。適切な役割分担と連携が今後は必要になる場面が増えてくる可能性がある。

❖ アクティブラーニングとの関わりでは、学外に学生を送り出して活動するサービスラーニングなどの授業活動で、必要に応じて職員との情報共有をしておくと、同じ活動をしても効果的に物事が運ぶことがある。

(3) その失敗は本当に失敗なのか(ハンドブック：43-44頁)

【1.ケースの概要】

「教員の過剰介入」が問題ではないかという事例に対し、ここでは「学生の自主性」を尊重しすぎて自由にやらせたため、成果が上がらなかったという事例を取り上げる。

【2.問題行動】

自主性に任せていたため、当初活動はなかなか立ち上がらなかったが、結局は、声の大きな学生に賛同する形でプロジェクトは動き始めた。意見は持っているのに積極的に自ら言い出せない控えめな学生は、もう少し教員が

介入してくれてもいいのにという不満はあったようだが、全体の動きに埋没していった。学生たちは、努力したもののタスク管理ができず、タスクが完了しないままに終わることが多くなり、目標も自然と下がっていった。当然のことながら教員の考えているレベルには遠くおよばず、教員は途中でもう少しやりようがあったと反省することになった。

【3.結果】
　学生は、自分たちの活動成果を客観的に見ることができずに活動を終えることになった。プロジェクトには、選ぶテーマにより、「筋の良い・悪い」がある。学生に対しては、少しだけ背伸びをすれば届くようなテーマが望ましいわけだが、学生自身には、自らそういったテーマを設定することはできない。人間は、壁にぶつかることはできるが、自ら越えるべき壁を作ることはなかなかできないかもしれない。

【4.原因】
　プロジェクト活動は、学生が主体的に活動することが第一義だという建前にこだわり、教員は極力介入を避け、学生からアドバイスを求められる場合に限り手助けをした。学生に大きな自由度を与えたので、最初の内は、どこから取り掛かったものか学生は途方にくれていた。教員は、それこそが学びの始まりだということで、とくに手を差し伸べなかった。じれったい思いは強かったが、ここが我慢のしどころということで知らぬ顔をしていた。

【5.対策】
　学生グループが自主的にプロジェクト活動を完遂するためには、その下地となるような汎用的スキルが必要となる。

・PBL(Project/Problem-Based Learning課題解決活動)に関する基礎知識
・チーム作り、リーダーシップ・フォロワーシップのあり方
・プロジェクト活動をタスクに切り分けるということ
・PDCAの考え方、リスク管理のしかた
・企画書の作成方法
・イベントを企画する段取り

- 冊子の編集方法、デジカメ撮影技術、ビデオ撮影技術
- プレゼン技法など

【6. 知識化】
❖ プロジェクト活動は、どの学年ないし成長段階でするかによって、学生活動に介入すべき度合いが異なるものかもしれない。
❖ 初年次教育の場合、「教員があまり介入をしないで大いに失敗させること」が、学生にとっては自分に足りないものを自覚する契機になり、その後の学習意欲につながる可能性がある。
❖ 高学年の場合、「アウトプットの意味合いの強い活動」になる。外部組織と連携するプロジェクト活動は、これまで学んできたことを実践する総合的な活動である。教員は、学生がこれまでに個々の授業科目で学んできたことを相互に関連づけ橋渡しをするために積極的に介入すべきであり、学生の理解を立体化することに、とことんつき合う必要がある。
❖ 実社会では、失敗を学ぶ場合、自分が同じ失敗をしないために「他山の石」として学ぶものである。大学では、そもそも失敗をしておくことに意義があり、失敗は必ずしも避けるべきものではない。

【7. ワンポイント解説】
❖ 学生が「失敗経験を積むこと」の意義は議論になるところである。初年次教育だけでなく、学生生活を通じてどれだけ「自分の考えの至らなさ」を痛切に体験したかどうかで、それだけ「他者の気持ちを斟酌できるだけの大きな器を持った人物」に成長することができる可能性がある。

> **まとめ**
> - 失敗学手法を用いることの意義について、「場面の重視」「対話の促進」「改善の促進」の3点を強調して紹介した。
> - アクティブラーニング失敗の原因マンダラと結果マンダラを鳥瞰図として紹介し、その意義と限界を論じた。
> - 『アクティブラーニング失敗事例ハンドブック』の中から指導面・評価面・組織面他についての10の失敗事例を紹介した。
> - これらの失敗事例は、失敗学手法アプローチに基づいて、それぞれ①ケースの概要、②問題行動、③結果、④原因、⑤対策、⑥知識化、⑦ワンポイント解説の順に説明を行った。

文献

中部地域大学グループ・東海Aチーム(編)(2014).『アクティブラーニング失敗事例ハンドブック―産業界ニーズ事業・成果報告―』一粒書房.

Daft, R. L. (2001). *Organizational Theory & Design* (2nd ed.). South-Western College. ダフト, R. L.(2002)『組織の経営学―戦略と意思決定を支える―』(高木晴夫訳)ダイヤモンド社.

Pfeffer, J. (1992). *Managing With Power*, Harvard Business Press. ジェフリー・フェファー(2008).『影響力のマネジメント―リーダーのための「実行の科学」』(奥村哲史訳)東洋経済新報社.

Robbins, S.P.(2005). Essentials of Organizational Behavior(8th ed.). Prentice Hall. ロビンス,S.P.(2009).『【新版】組織行動のマネジメント―入門から実践へ―』(高木晴夫訳)ダイヤモンド社.

安永悟(2012).『活動性を高める授業づくり―協同学習のすすめ―』医学書院.

● さらに学びたい人に

● 中部地域大学グループ・東海Aチーム(編)(2014).『アクティブラーニング失敗事例ハンドブック―産業界ニーズ事業・成果報告―』一粒書房.
  ▶ http://www.nucba.ac.jp/social/report/lecture/entry-14562.htmlからデータをダウ

ンロードできる。
- 畑村洋太郎(2005).『失敗学のすすめ』講談社文庫.
  ▶失敗学の方法論が豊富な事例とともにわかりやすく整理されている。
- 畑村洋太郎(2010).『失敗学実践講義』講談社文庫.
  ▶失敗マンダラの構成が事例とともに紹介されている。

第3章 講義でのアクティブラーニング

　「一方向の講義なのにアクティブラーニングなのか？」と疑問に思う方がいるかもしれないが、本章はここに焦点を絞り、アクティブラーニング失敗事例からの学びを検討することにしよう。なぜなら講義中心型授業でもアクティブラーニングの導入は決して不可能ではなく、むしろ積極的な意義があり、しかもその他の演習型授業などのあらゆるアクティブラーニングの基本形となることがあるからである。

　以下、学習目的に関すること、事前学習課題に関すること、事後振返り課題に関することの3点について講義中心型のアクティブラーニングを検討しつつ、その後で具体例として入門科目でのアクティブラーニングについても併せて触れることにしよう。

第1節　科目の学習目的とアクティブラーニングの実施目的

　科目の学習目的とアクティブラーニングの実施目的を考えなければならない理由を、「大学設置基準」という少しだけ難しい考え方を使って説明する。この点をまず確認する意味は、講義中心型授業と実践を中心とする授業では、単位認定の積算根拠が異なるからである。具体的には、同じ90分×15コマ＝1350分の授業をしたとしても、講義であれば2単位の認定が可能であるが、体育などの実技科目やある種のインターンシップなどの場合は、1単位

を認定することになっている。演習科目やゼミなどは、一定の学びがあることを前提として2単位を認定することがある。

ここから考えるべきことは、ただ実践するだけで学び（＝ラーニング）と呼べるものを伴わないアクティブラーニングが批判的に評価されることがある（溝上，2014: 5章）。その背景にあるのはこのような積算根拠の問題とも無関係ではない。

(1)「内容のない思考」と「概念のない直観」

かのドイツの哲学者カント（I. Kant）がその主著『純粋理性批判』の中で「内容のない思考は空虚であり、概念のない直観は盲目である」と述べた。これまでの学校での学びが、頭でっかちと揶揄され、ときとして「知識」の記憶に偏る傾向があったと批判されるのはまさしく「内容のない思考」のことである。どんなに知識を得て思索を重ねてもそれらが現実等との関わり（＝ディープな学び）を持たなければ、それは「空虚」だと批判したのである。現在のアクティブラーニングは、このような批判に対して「総合的な学び」を進めようとする流れの一つとして理解することもできるだろう。

これに対して、実践ばかりに偏ることへ警鐘を鳴らしたものが「概念のない直観」のことであり、現実での実践を重ねることでいろいろ物事が見えてきて、何が重要だとか、何が問題だとかを感じたり気づいたりする（＝直観）ことがある。けれども、それがなぜ重要なのか、問題なのかについての理論や概念などとまったくつながりを持たないならば、それはがむしゃらなものであり「盲目」に等しいと批判したのである。

一方向の講義に対する反省としての位置づけが与えられているアクティブラーニングが、もし実践ばかりに走るあまり「概念のない直観」を生み出すとしたら、それこそが「アクティブラーニング失敗事例」ということになるだろう。

(2) 正課／正課外または専門／教養／キャリア系で異なる

次に、何を学ぶのかについて、もう少し考えを深めよう。なお、大学で

行われるアクティブラーニングは、科目の性格上は大きく2種類に分かれる。一つは「正課科目としての専門・教養科目」であり、何らかの意味で知識の習得と応用を目的とするものである。こうした科目では、学ぶべき知識が明確になっていて、応用の形は千差万別かもしれないが、その原型となる考え方そのものは「収束」する傾向にある。

もう一つは、「キャリア系科目」であり、単位は認定される（＝正課）こともあるし、されない（＝正課外）こともある。こうした科目の特徴は、自らの進路に関わることを考えるための授業である。このキャリア系科目の場合、自分の進路を自分で考え、他者の考えとは違っていて当然であり、相互にぶつかり合うことも少なく、多様性を許容する。つまりここで学んだことは収束せずに「発散」する傾向にある。

このキャリア系科目は、誰の考えも否定されずに尊重できるため、アクティブラーニングを比較的に導入しやすいようである。こうした科目で単位認定する場合、進路を意識して、たとえば「社会人基礎力」（経済産業省が提唱）に相当する能力・スキルの養成を科目の学習目標に掲げることが多く見られるようである。社会人基礎力とは、産業界の企業にアンケート調査した若手人材に必要な能力要素を分類整理したものであり、具体的には、3能力12要素として表現される。

◆能力1は「前に踏み出す力」
　…①主体性、②実行力、③働きかけ力
◆能力2は「考え抜く力」
　…④課題発見力、⑤計画力、⑥創造性
◆能力3は「グループで働く力」
　…⑦発信力、⑧傾聴力、⑨柔軟性、
　　⑩情況把握力、⑪規律性、⑫ストレスコントロール力

> 汎用的能力(generic skills)については、**第6巻**の「**現代社会とアクティブラーニング**」と題する**第2章(成田秀夫)**で、ジェネリックスキルとして論じています。あわせてお読みください。
>
> 各巻との関連づけ

これらをさらに広く「汎用的能力(generic skills)」などと呼ぶこともある。

対照的に、前者の正課科目として単位認定される専門・教養科目の場合、学ぶべき知識を前提として成り立つ科目である。専門科目にも専門基礎や専門応用がある場合があり、専門基礎は「知識習得」を、そして専門応用は「知識応用」をそれぞれ目的としている。

また、教養科目やセミナー・演習の科目は、それぞれが知識習得、知識応用あるいはその両方を目的としていることもある。これは科目ごとに事情が異なる。このような知識獲得と応用と併せて、近年は社会人基礎力などの汎用的能力を同時に育成する体系を整える大学も増えてきた。このような場合、「科目」と「育成すべき能力」を2軸として配置したカリキュラムマップを作成することもある。

本書でアクティブラーニングの失敗事例という場合、主としてこちらの専門・教養科目(セミナー・演習含む)の科目を意識している。それは、前者のキャリア系科目よりも後者の専門・教養科目の方が、アクティブラーニング実践の上でさまざまな問題や論点、あるいはトレードオフ(二律背反)を内包しているからである。また、こちらの方が、まっすぐに「学生の学び」との関わりでアクティブラーニングを位置づけることができそうだからである。「学び」の内容(コンテンツ)があり、これを学ぶ途中過程で汎用的な能力・スキルを育成する難しさを乗り越えていくことで、有効な議論ができると考えるからでもある。

(3) 講義でアクティブラーニングする難しさ

　限られた時間とコマ数の中で、どのように知識の全体系を網羅して学生に伝えていくか、多くの教員は悩んでいて、全国各地でありとあらゆる工夫がなされている。これらはまさしく科目の学習目的をどのようにして効果的に実現するかという点での苦労であるが、ここに悩みながら誰にも教わらずともアクティブラーニングの手法に到達している教員がいることを強調しておく。

　近年は、アクティブラーニングの用語が一人歩きしていて、汎用的能力や社会人基礎力育成という名前のもとに、授業へのアクティブラーニング導入が強制的に制度化されるような事例も見られるようである。科目の学習目的をすべてアクティブラーニングという授業ツールで達成できるものなのかどうかは未だに定かではないと見ている。授業途中段階で提出させたレポートに評価だけでなくコメントもつけるなど、その実施方法によってアクティブラーニングは学生にとっても、教員にとっても過負荷になる可能性がある。

　アクティブラーニングによって「期待される効果」とこれにより「犠牲になるコスト（労力等）」を天秤にかけ、必ずしもアクティブラーニングだけが科目の学習目的に到達するための唯一の方法であるとは限らないことを考慮してもよいのではないだろうか。

(4) 科目目的を教員が判断することの問題

　アクティブラーニングは、本書の冒頭でも述べたように科目目的を達成するための一つの道具立て（ツール）である。このことは、その科目目的それ自体が適切に示されていない場合、砂上の楼閣のように教育が根底から崩れてしまう恐れがあり、いわばアクティブラーニング以前の問題とも言える。

　とくに大学の場合、教員は「御山の大将」となることも多くあり、1人の研究者、専門家として認められていることから、その担当する科目の内容と目的がそれでよいのかについて第三者がチェックする仕組みがときとして働かないことがある。その結果、同一の科目名であるにもかかわらず、担当教員ごとに扱う学習単元が異なるようなことが大学間だけでなく、同一の大学内

ですら生じることもあるようである。もし複数の学生が同じ名称の科目を受講したにもかかわらず、異なる知識をもって次の上級科目を受講してきたとしたら、その上級科目を担当する教員はその科目を組み立てるために前提とする知識が一定せずに困ることになろう。これはアクティブラーニングを組み立てる上でも問題となることである。

　もちろんこれは程度の問題でもあり、あまりに科目内容を統制し過ぎれば、こうした前提知識が不安定になる問題は生じないだろうが、今度は逆に教員の教育への自由な発想や創意工夫を阻害するかもしれない。その場合には杓子定規になってしまい、生きた教育にならない恐れもある。ある程度の科目内容の裁量はとくに大学ではむしろ必要なことかもしれないし、繰り返して活用するような基礎的で重要な前提知識は上級科目でも多少の復習はあってもよいだろう。

　ただし、科目の学習目的・到達目標までもが不明瞭になってしまうならば、もはやそれは科目体系(＝カリキュラム)ではなくなってしまい、その教員の個人的で勝手な考えで属人的な科目が積み重なっていくことになるし、ひいては大学で提供する教育や学びへの信頼を損ねることになるかもしれない。

(5) 科目目的を判断するためのヒント

　このような問題を解決するための一つのヒントは、すでに述べてきたように「科目目的」である。その科目において到達すべき学生の学習目的が共有されていれば、教員の教育への熱意や創意工夫も無にすることなく、学生も所期した学びを得られるであろう。アクティブラーニングの失敗が本書のテーマであるが、実は科目目的が明確でない、あるいはカリキュラム上での科目の位置づけが明確でないためにアクティブラーニングが上手くいかなかったという失敗事例が調査結果から数多く明らかになっているのである。

　とりわけ科目の位置づけや目的を明確にしていないにもかかわらず、大学等が組織的に「アクティブラーニングを実施せよ」と強制するようなときに科目担当者の悩みとして顕在化することになる。典型的には、自分の科目目的

が「知識習得」と「知識応用」のどちらに近いのかということである。この違いが重要なのは、実践するアクティブラーニングの形が異なるものとなるからであり、具体的には前者は「講義型」に、後者は「演習型」に近くなるのである。

しかもその担当科目がある種の共通教育であり、教員自身の専門分野とはやや離れた内容になっているような場合には、その教員としてはなかなか教育に熱心に取り組めなくなり、この問題はなおさら大きなものとなる。

それでは、このような失敗を回避するにはどうすればよいだろうか。以下に2つの方法を一案として提示しておく。

①大学や学校の人材育成目的はあるか？

国公立の小学校・中学校・高等学校である場合、学習指導要領などによって、何をどのように学んでいくのかを事細かに定めていることがある。そのような場合には、これに従うことになるだろう。また、私立の学校である場合は、その私学の建学の精神、人材育成理念などが存在していて、これは個別の科目の内容まで具体的に入り込むようなものではないかもしれないが、それでも「創造性を育む」など、科目教育を組み立てる際に考慮できるような汎用性のある資質に言及しているかもしれない。

これらの資質を育成するためにアクティブラーニングの多くの手法が活用できる。ただし、もし科目目的について特段に指定されていない場合には、次の手続きとしては以下の②に示されるような科目目的についての公的なガイドラインがないか確認することになろう。

②その科目の学習目的が公的に定められていないか？

JABEE、経営学、統計学など、最近は学会や協会などが検定試験との関わりなどで参考にすべき分野別のゴールに到達するまでのレベル設定をしている場合があるので、参考にすることができるかもしれない。

筆者は経営学の科目を担当しているが、科目内容の組み立てに際して、公認会計士試験問題、公務員試験問題、経営学検定試験問題、その他に政府の

《経営学分野》の教育質保証の報告書などを参考にしている。また、同じ分野の担当教員にもヒアリングをして、教育内容に個人的な偏りが生まれないように努めている。

なお、公的な科目目的へのガイドラインもまったく定められていないような場合には、最終的には担当者の判断に任されることになるだろう。

第2節　教科書の自学自習など事前の予習課題

「反転授業」という言葉がある。通常なら教室で知識を教える講義をして、この応用は授業時間外で学生自身が自主的に行うような流れになっている。反転授業とは、このような流れを反転させて、授業時間外で教科書やビデオなどで事前学習を済ませておいて、教室の場ではその知識を応用・活用するような議論を行うようなものである。

アクティブラーニングでは、グループで討論するなどの手法を取り入れるため、講義であれば教員ペースで伝達できたであろう知識量のいくつかが習得不足に陥ってしまう恐れがある。これを補う役割を果たすものが「反転授業」であり、アクティブな学びを促す観点からも注目されている。

けれども、容易に推察されるように、指定した単元をただ「読んで来なさい。予習しておいで」と指示しても、実際にしてきてくれる学生はあまり多くないかもしれない。したがって、こうした指示を機能させるための工夫が必要になる。

これこそが学生がアクティブに学ぶための基本形であり、講義でも実践可能なアクティブラーニングの一つである。授業中に知識応用のための討議時間を組み込むためにも必須となる教育手法になるだろう。

(1) 教員による事前の趣旨説明

何のためにこの単元を事前に読んでくることを自学自習課題にしたのかを明確にし、それを学生に趣旨説明する。うまくいけば、学生はその予習の必

要性を十分に認識してくれるかもしれない。ただし、教員目線で用語選びをしてしまうと表現が難解になってしまう恐れがあるため、あくまでも科目の趣旨をふまえつつ、学生にも理解できる平易な表現になるように工夫する必要がある。

　科目の学びそのものに対して興味関心を持ってくれる、このような学生を育てることは、まさしくアクティブラーニングの目指すところであろう。こうした趣旨説明をしっかりすることにより、学生にとっては、学ぶことの楽しさを見出し、それを機に成長する可能性が生まれる。

(2) 教科書予習の課題出し

　ただ「教科書を読んできてください」とするよりも、予習して欲しいポイントについて、何か上手に課題にすることができたら、学生にとってもさらに効果的な学びにつながることであろう。課題の出し方については、第5章のツールキットでも一部触れるので、そちらも参照されたい。ここでは講義での予習課題に限定して検討しよう。

　学生の学力に配慮することは当然のこととして、難易度の設定には気を遣うところである。たとえば、やさしめの課題の一例では、「何かわからない語句を最低1つ書いてきなさい」というのがありうる。このレベルの課題であれば、学生は当日の授業直前であっても準備可能な内容である。これをやや曖昧な表現にして「何か一つ疑問点を明確にしてきなさい」とすることもできるし、もし「その語句を調べてきなさい」とすればその課題の難易度が上がる。

　さらに、その調べる方法も、比較的にやさしいやり方としてはスマホを使用したインターネット検索がある。たとえば、スマホを使って授業中にインターネットで調べものをさせ、最初に手を挙げて発表した者にボーナス点をあげるなど、幅広い活用法が見込めるかもしれない。また、もう少し難易度を高めることもできる。教科書を使うにしても、該当箇所をページで指定するのと、節や章で指定するのでは難易度が変わるだろう。さらに図書館で何冊か本を借りてもらい、複数の文献を比較渉猟させるようなことになれば、

飛躍的に難易度が高くなってくる。

　このようなオプションは、半期授業で何度か繰り返し出される課題を追いながら、最初は易しい課題からスタートし、徐々に難易度を高めていくような課題設計を組み立てるときに活用できるかもしれない。難易度を易しいものにすることは、学生にとって慣れない授業時間外学習のリズムと習慣をつけてやりたいときには有効な手法の一つである。だが、いつも授業直前の数分で済ませられるような易しい問題ばかりでなく、たまには難易度を難しくするなどの工夫があると、学生には新鮮で刺激的に予習を楽しむことができるかもしれない。

(3) 根拠資料の提出

　何かの根拠資料を作成して提出させなければ、学生が事前に予習したことをどのように証明できるのだろうか。この意味では、何か紙面／メール／オンライン掲示板などへの書き込みなど、成績評価の根拠資料として残すための工夫が必要になるかもしれない。もちろん根拠資料など要求しないという選択肢もあるが、その場合には、学生が確実に予習したことを確認することそのものが難しくなるかもしれない。

第3節　事後の振返り課題

　講義でのアクティブラーニングを考える上で、もう一つ基本形となるものが、事後の振返り (reflectionリフレクション) である。仮に授業時間そのものは一方向で教員から学生に知識を伝達するやり方だったとしても、それをやりっ放しにしないで、これを振り返り、学びを反芻したり、自分自身の将来のキャリア形成に結びつけをしてみたりすれば、もうそれは学生のアクティブな学びになるだろう。

　事後の振返りを促すような工夫をすることは、教員にとって、学習成果を高めるためにも、あるいは学生のアクティブな学びの態度を醸成するために

も、十分に検討すべき価値のある教育上のアプローチなのである。

(1)いろいろな実施方法
　事後の振返りを促すようなカタチとしてみると、いくつもあることがわかる。いくつか事例を挙げてみよう。(ａ)クリッカーで即座の理解や反応を回収することができるだろう。また、各コマ最後に適当な時間を設けて、(ｂ)小テストで理解度や到達度を確認する(ただし成績評価の威圧感が伴うことがある)、(ｃ)小アンケートで比較的威圧感の少ない授業感想を収集する、あるいは(ｄ)後日の電子メールや紙面であれば授業で得られた学びを一度整理しまとめ直したものを回収できる。こうして見てくると「目的による使い分け」ができそうである。また、複数を同時に組み合わせることもできるだろう。
　これは、実施のタイミングとしてみると、(ａ)当日授業中に随時する、(ｂ)当日授業の最後にする、(ｃ)各コマの後日に期間を定めて準備させる、などの選択肢がある。また、実施の頻度としてみると、(ａ)毎回の授業で、(ｂ)数コマに1度の割合で、(ｃ)半期に一度の割合で、実施することがある。これらはオプション(選択肢)であり、課題の難易度や、学生の負荷、教員の採点の手間などを考慮しつつ、調整することができるものである。
　「ひな形(フォーマット)」の提示があるかどうかも検討余地がある。ひな形の提示がなければ、学生は提出の体裁や書式などについて、文字通りに白紙状態からスタートして、自分たちで作成することになる。最初は提示せずに、学生からの要望があったときにその相談内容によりその都度検討するということもありうる。
　もし安易に学生からの要望に応じて、学生にとって書きやすいフォーマットを整えることがつづけば、やがて学生は面倒くさいことは教師任せにしようと考え出して、学生の学習姿勢まで安易になってしまいかねないことに注意が必要である。逆に、あまりにも学生の自主性任せにしてしまうと、どんな形式で提出するかなどの、およそ学習目的とは異なるところでの負担を強いることになり、これは結果的に学習成果や教育質保証の観点からマイナス

になり得る。このような実施方法は、アクティブラーニングではない、すなわち他者と対話が必要条件だと捉える向きがある。筆者は、本を読み、思索を重ねることも他者との対話の一つにも含めても良いのではないかと思う。

(2) 学生の作業負荷に配慮する

　授業時間外学習が求められている昨今の状況を鑑みると、先述した予習課題とともに、この事後の振返り課題も、適切に設計することが要請されていると考えられる。

　また、学生にとってのおおよその事前学習の時間を割り出しておくことは大切なことである。なぜなら、アクティブラーニングの動きが今後も拡大し深まっていくことになれば、必ず学生にとっての予習・復習にかかる負荷を全体的に可能な範囲に調整しなければならなくなるときがやってくるからである。

　したがって、最初のうちは負担の度合い(実際に要した予習時間)を事後的に検証することが大切である。なぜなら授業時間外学習が少ない分には学習成果低下だけの問題にとどまるが、もし学生にとっての予習負担が過度に増大すれば、そしてそれが1科目だけでなくすべての受講科目に広がれば、やがて学習に関わるストレスが増大し、病気や生活などに関わる深刻なアクティブラーニング失敗結果を引き起こす恐れがあるからである。

(3) 要点をまとめる作業と「学び合い」は効果的

　教員にとって、学生に必要な学習項目を学んでもらうこと、とくに学生にとって興味深くなるように教えることはいつでも悩ましいところである。要点をまとめる作業は、何らかの学習項目について学生が自分の力でまとめることであるが、これは学生が相互に教え合う「学び合い」の作業をすることで有効なアクティブラーニング手法に転化する。

　この学習方法の特徴は、与えられた知識等の学習項目を、ただ与えられたままに受取ってそのまま記憶するような学習方法と異なり、以下に述べるような4つの特徴を持っている。

①全体にわたり内容(あるいは筆者や時には教員の意図など)をしっかり掴んでいること
②その内容の中から単元で学ぶ学習項目に沿って重要な箇所をいくつかの項目にわたって抽出できること
③それらの項目間にどのような関連性があるか(因果や並列、根拠など)を自分なりに考えて見出すことができること
④それを聴いている他者にもわかるようにメッセージとして伝えられること。

　以上の4つの複数のことがすべてできることが必要になる。この要点まとめと「学び合い」は講義中に実施するアクティブラーニングとしては、比較的に実施しやすいところが魅力的なところである。(A)事前にも、(B)授業中にも、(C)事後でも共通に実施できる汎用性があり、かつ「学びにしっかり向かっている」という点で重要な意味を持っている。
　そして、要点をまとめる作業は、作業後に考え方や模範解答などを教員から提示するなどの対処法ができる。このため、たとえばグループワークなどのアクティブラーニングが仮にうまくいかず失敗しても、つまり学生同士で説明し合う「学び合い」の作業が万一あまりうまく進まなかったとしても、教員による事後的なフォローが可能であるため、所期した学びに到達しやすくなるところが使いやすい理由である。
　また、新聞などの要約であれば、5W1Hなどの関連する学習項目を応用させる機会にもつながり、経験を積むことで、知識が単なる知識にとどまることなく、活用することのできる生きた知識とすることができるかもしれない。
　さらには、大学では学んだ知識を結びつけたり、自分自身のこととして考えるなど、「自分の意見」につなげていくような学びが求められるようになるが、要約する作業はまさしく自分の意見を構築するための第一歩としての役割を果たす意味で、とても重要なのである。

第4節　入門科目のアクティブラーニング

　学問には体系性がある。いわばしっかりとした根が張っていて、ここから太い幹が上に伸び、枝から葉へ、そして葉から実へと広がっていくものである。どれだけ豊かな実りを見せられるかどうかは、どれだけしっかりした根と幹が育っているかに掛かっているといっても過言ではない。

　これを学問の体系になぞらえて表現すれば、各学問分野には、根や幹に相当する入門科目や専門基礎科目があり、枝葉に進むにつれて学問としても応用や実践などに展開していくと言えよう。しっかりした根や幹をつくらせて、一人前の学習者を育てるための入門科目や初年次科目は、こうした点で重要な意味がある。

　しかしながら、こうした入門科目には固有の難しさがあり、これはアクティブラーニングの失敗とも無関係ではない。こうした入門科目の難しさは大きく3つのポイントに整理できる。

(1)専門的な科目と比べると「広く浅い学び」になりやすい

　専門的になればなるほど、その対象はどんどん狭く深まる、つまり個別的かつ具体的なものになっていき、これに伴って現実世界とのつながりが見えやすくなることがある。これらは無数の枝葉となり、現実世界を覆い尽くしていくのである。一方、入門科目はといえば、この動きに伴って、あらゆる専門的な枝葉からスタートして根幹まで元に辿ることになるためか、逆に普遍的かつ抽象的なものになっていくことがある。

　そうすることで現実の生々しいところが消えてしまい、無味乾燥な共通項が残されていったものが入門科目になっていることがあるかもしれない。現実の具体的な形を知らないままに、抽象的な概念を押しつけられては、そうした概念の取扱いになれている一部の学習者は別として、その学問分野を初めて学ぼうとする多くの者にとって、実は入門科目はスタートから躓きかね

ないリスクを抱えているのかもしれない。

　アクティブラーニング失敗の観点からこの問題を考えよう。こうした特徴をもった入門科目はいきおい広く浅く単元が準備され、その知識を習得するだけの学びに陥りやすい。上級学年で展開していく基本項目だから学ばなければならないのはわかっているが、教員は「今後必要になるので覚えてください」となりやすいし、学生は「いきなりこんなに新しい知識がでてきても……」とのことになりやすい。そのため、ここで躓いてしまい、学びの楽しさに到達する前に学びを諦めてしまうような学生がでてくる。そんなことにならないように、あの手この手で教員が工夫してときに楽しくあるいはときに刺激的に学ばせる重要な役割を果たすものこそが「アクティブラーニング」なのかもしれない。

　こうした教育を進めていくうえで大学教員は、小学校・中学校・高等学校で行われている教育から学ぶべきところがありそうである。もうすでに一部で実施され始めているようであるが、大学や高校などの設置形態を超えた教員同士の相互交流するFD（Faculty Development 教授法改善）のための研修の場が必要なのかもしれない。

(2) 受講に臨む学生の多様な姿勢

　入門科目はこれを将来に専門とするだろう学生だけでなく、自らの専門分野は別にある学生も関連領域の知識を求めて、あるいは教養としての知識を求めて受講することがある。専門とする学生にしても、自らが興味ある範囲が限られているような場合には、それ以外の範囲を学ばせられることに積極的な興味関心を持たないかもしれない。

　また、入門科目は学生が好むと好まざるとにかかわらず時間割にあらかじめ指定されて強制受講させられることもある。もしこれが専門科目で自由選択することができる科目であったなら、学生は大なり小なり自分なりに納得して、何らかの目的意識を持った上で受講するだろう（他の人気科目の抽選に漏れて曜日時限で選ばざるをえないこともあるが）。こうした専門科目と比べる

と、入門科目は基礎だからとの理由で半ば強制的に受講させられた、目的意識に乏しい学生が受講してくることがある。

　アクティブラーニング失敗の観点からこの問題を考えてみよう。こうした特徴を持った入門科目は学生からすれば面倒な科目の一つであるかもしれず、単位修得のために必要な最低限の行動(最低許容行動)だけになりやすい点にその特徴がある。はたして入門科目において「アクティブに学ぶ」ということがどれだけ重要な意味を持つのかどうか、これはカリキュラムが位置づけする事柄であり、筆者が勝手に決めることではない。ただし後に専門科目での学びが待っていて、その前段として位置づけられているとすれば、入門科目が果たすべき機能の一つは、「専門科目での学びへの導入」ということになるかもしれない。このためにアクティブラーニングの教育手法はどのように貢献してくれるのだろうか。

(3) 入門科目で学んだことは後に影響を与える

　学生の中には、初年次で入門科目を学ぶことが当然のことながら想定される。指導要領の存在以外のところで高校と大学での学び方が同じなのか違うのかどうかはここで論じるテーマではないが、もしその大学や高校などでの学びのカタチというものがあって、もしこれに少しでも早く馴染んでくれることを望んでいるならば、学びの比較的早い時点で、それも相当に早い時点からこの学びのカタチを取り入れた方がよいかもしれない。

　先にも述べたように、入門科目はその専門領域の全体系からすれば平易な表現を用いて説明されるかもしれないが、門外漢にとってはすべてが初めての世界であり、しかもそれらがあいまいに抽象化されてしまうことがある。これを一方通行で講義形式にして押しつけたあげくに、覚えなさいと強要されたとしたら、学生はこのような学びがつづくのかという気持ちになり、学ぶこと自体に幻滅してしまうかもしれない。

　アクティブラーニング失敗の観点からこの問題を考えてみよう。ときどき1－2年次の入門科目等では、知識を習得することが大事だからアクティブ

ラーニングなど不要だという意見を耳にすることがある。だが、考えてみて欲しい。

> Q．その知識を楽しく修得することはできないだろうか？
> Q．この授業が終わった後に待っている後継科目で、ここで得られた知識を使って応用して考える、実験する、実践することの楽しさの一歩を伝えられないだろうか？
> Q．そのために知識体系を伝えきれずに穴があくかもしれないリスクを冒してでも一部の時間を割いて学生に自ら考え表現させる時間を与えることは許容されないのか？

　もっとも、このように積極的に入門科目で苦労して、アクティブに考え発言させるような態度や能力・スキルをせっかく醸成させたにもかかわらず、後継科目の先生の理解と協力が得られなければ、せっかくの苦労が水の泡になってしまうかもしれない。これは虚しいものである。

まとめ

- アクティブラーニングの失敗事例から見えてくる講義の積極的な側面について、4つの側面から紹介し、論じた。
- 「科目の学習目標とＡＬの実施目的」が全ての出発点になること、どのように導き出せばよいかについて、失敗事例を交えつつ論じた。
- 「事前の予習課題」として、反転学習、事前説明、課題だしの工夫、根拠資料提出の必要性について紹介した。
- 「事後の振返り課題」として、小テストやアンケート、その実施方法、そして要点をまとめることの重要性を強調した。
- 「入門科目のアクティブラーニング」が講義としてもアクティブラーニングとしても重要性を担うことを論じた。

文献

溝上慎一(2014).『アクティブラーニングと教授学習パラダイムの転換』東信堂.

◉ さらに学びたい人に

- ヤング, S. F. & ウィルソン, R. J. (2013).『「主体的学び」につなげる評価と学習方法―カナダで実践されるICEモデル―』(土持ゲーリー法一監訳 小野恵子訳) 東信堂.
  ▶ Ideasアイデア、Connectionsつながり、Extensions応用というシンプルな概念を用いて講義でも応用できそうなシンプルなモデルを組み立てている。

- 渡辺三枝子・岸本光永(2010).『考える力を伸ばす―ダイアローグと論理で思考力を高める―』日本経済新聞出版社.
  ▶ 講義でも応用できる思考力を根本から問い直している。

- ゼックミスタ, E. B. & ジョンソン, J. E. (1996).『クリティカルシンキング (入門篇)』(宮元博章 道田泰司 谷口高士 菊池聡訳) 北大路書房.
  ▶ 講義でも活用できる思考力をわかりやすく解説している。

第4章

学習意欲を高めるために

　本章の目的は、これまで指導・評価・その他と大きく機能的な括りをしてきた失敗事例について、今度は視点を変えて、「学習意欲を高める」という具体的な場面を切り口にして、その分析を進めることにある。
　この学習意欲に限定して、改めて失敗マンダラを作成してみると、俯瞰的なマンダラでは見えてこなかったものに気づかされる。それは、原因マンダラと結果マンダラの2つだけでなく、「失敗行動マンダラ」が見えてくることである。個別的で具体的な事例に絞り込むことによって、さらに具体的な失敗事実が明確になるために、鳥瞰図的に見ていた総括マンダラ（第2章で紹介したマンダラ）とは異なって、何が具体的な失敗事実なのかを示せるところにその特徴がある。
　なお、ここでは亀倉(2015)に基本的には依拠しつつ、適宜、修正・追記を加えていく。

第1節　学習意欲とアクティブラーニング

(1) やる気はどのように触発されるのか

　「学習意欲」はアクティブラーニングの文脈にどのように関わっているだろうか。その前段として、学習意欲すなわち「やる気」とは何かについて整理するとともに、この「やる気」を触発することに焦点をあてたい。この「やる気」

とアクティブラーニングとの位置関係は大きなテーマでもあるため、次の項目(2)で議論をさらに展開することにする。

「やる気(遣る気)」とは、「物事を積極的に進めようとする目的意識(広辞苑第五版)」、「物事をやりとげようとする積極的な気持ち(大辞林第三版)」のように、物事をすすめる働きをもつ心(こころ)として定義される。しいて区別をするなら前者は物事を前に進めることについて、後者は物事を最後までやりとげることについて、それぞれ述べているが、これらはいずれも社会人基礎力のいう「前に踏み出す力(主体性、実行力、働きかけ力)」の一部を構成するものであるとともに、大学で育成して欲しい学生の資質として、社会・産業界から要請されているものである(経済産業省, 2008)。

このように「やる気」は、①何事かを自ら進んでしようとする気持ち(willingness)はもちろんのこと、学習実践上の文脈では「どうすれば積極的に学ぶ気持ち(=やる気)になるか」などの用例に見られるようなものに加えて、②その気持ちを実際の行動に結びつけるための動機づけをすること(motivation)についても併せて話題にすることが多く、この意味で学習実践上の「やる気」は多義的な文脈で理解されるべき概念である。

さて、この学生のやる気はどのようにして触発されるのだろうか。この触発を促すものとして、本書は①学習対象と②自己の2つを挙げたい。

①学習対象による触発

簡単に言えば学習内容そのものに興味関心を持つことである。学習内容となる知識やスキルが、表向きは無味乾燥な理論的知識だったとしても、それが現実との関わりがある、たとえば「世の中にはどう活用されているのだろうか」、「なぜそうなったのか」、「どんな仕組みになっているのか」、「将来はどうなるのだろうか」など、それがおもしろいと感じられた、つまり知的好奇心をくすぐられた場合には、これが契機になり学生の「やる気」が触発されることがある。もちろん現実との関わりだけでなく、理論的な深まりや広がり

に関わるようなものであってもよいだろう。それが高じて、卒業論文のテーマになることもあるかもしれない。

②自己による触発
　その学びが自分自身にとってどのように関わるかの意味づけがなされることである。その当該の知識を学ぶことが、表向きはそれが無味乾燥な理論的知識だったとしても、それが自分との関わりがある、たとえば……

- (試験答案に書けなければ)単位取得に関わるから
- 先生がいつか社会で役立つと言ったから
- 自分の目指す資格取得につながりそうだから
- 卒業後の進路選択に役立ちそうだから
- 友達のノートが借りられそう(＝単位が取れそう)だから

　以上のような理由から、それが必要だと自らが判断した場合には、これが契機になり学生の学習意欲、すなわち「やる気」が触発されることも現実にある。もちろんそれが「やる気」まで到達することなく、「やらされ気分」のままで終わることがあるかもしれない。それでも、いずれにしてもしなければならない仕事をするなら、それを嫌々するよりは、少しでも前向きな理由を見つけられることは、学生が社会・産業界に出るより以前に身につけておきたい資質や態度の一つといってよいかもしれない。したがって、これらは広い意味での「やる気」として位置づけることにする。
　もう少し補足して説明しよう。一般に「(自らが)やる気になること」と「(他者が)やる気にさせること」という議論があるが、これは両方共に日常的に用いられる表現であるので、これを一つの取りかかり事例として、もう少しこの触発の問題を深めて考えてみよう。
　直前の段落で「他者による触発」をなぜ含めなかったのか。それには理由がある。なぜなら他者による触発は、結局のところ「学習による触発」と「自己

による触発」の2つに行き着くからである。たとえば、産業界から講師(＝他者)を招いて、パフォーマンスの改善に向けた指導をしてもらったことで「学習対象」への興味を深めた場合は「学習対象による触発」であるし、将来の産業人としての心構えを指導してもらったことで「自己」との関わりを意識して興味を深めた場合は「自己による触発」になる。いずれにしても学生の学習に向かう「やる気」が存在するとき、それは何かにより触発されたものであることは重要な点である。

[A．誰にとってのアクティブラーニングなのか]

アクティブラーニングは何を目的として実施するのであろうか。この問いは、アクティブラーニングは誰のために実施するのかという問いに等しい。ベネッセ教育総合研究所は2013年に発表した「大学生の主体的な学習を促すカリキュラムに関する調査報告書」において、その狙いとして「主体的な学びの姿勢や意欲を身につけさせる」、「学力を向上させる」、「社会に出たときに必要な汎用的能力の育成・強化」の3点を取り上げた。

これらの3つは、それぞれ大学教育、教員、学生、社会・産業界の4つの目線で捉え直すことが可能である。たとえば、大学教育の目線では、「②学力向上(＝ラーニング)」は教育の質保証(＝FD)の観点からも当然のこと重要である。アクティブラーニングについては、中教審2012年の質的転換答申に示されるような「①主体性(＝アクティブ)」が重要である。次に、教員の目線では、アクティブラーニングを活用して「②学力向上」させることが主たる狙いといってよいだろう。さらに、学生の目線でいえば、大学は一つの通過点であることからして、卒業後に社会で活躍するための「③汎用的能力の向上」はキャリア形成の観点からもその重要性を指摘できる。最後に、社会・産業界の目線では、「①主体性」と「③汎用的能力の向上」がよく指摘されるところである。

すべてがこの通りにきれいに整理できるとは限らないが、一つの議論の出発点としては興味深い考え方であるかもしれない。

[B.「主体性(＝アクティブ)」は場面を限定して用いよう]

　もし①と②と③が目線や立場の違いを含むものであると仮定してみると、昨今のアクティブラーニングの議論がどこか漠然としていて曖昧なものになっていることが理解できるようになる。その原因は、「アクティブラーニングの実施目的が明確になっていない」ことにあると思われる。つまり、この議論が混乱する根本的な理由の一つは、大学、教員、学生、社会・産業界などの要請が複雑に織りなすため、目的が大きくは「学習成果」と「(主体的な)態度・資質」の2つの間で揺れ動いていて曖昧模糊となっているからなのである。

　すると、アクティブラーニングの議論をするときに、それが「学習成果」と「主体性／汎用的能力」のどちらを目的としているかを見分けることが重要になる。つまり、アクティブラーニングが実施される場面を具体的に想定して用いることが、議論の前向きな活性化につながるだろう。さらに追求すると、「主体性」の表現でもやや漠然としていて、「学習に主体的に向かっていく意欲」としてさらに具体的に議論の場を限定することで、これまで見えなかったものがいろいろ見えてくるようになる。

　以上の諸点をふまえ、この後段ではアクティブラーニングの目的について、一般に言われるような「主体性」でなく、「学生の(学習に向かう)やる気＝学習意欲」という点に絞る。こうすることで、各授業レベルで担当講師が話題にするような「学生のやる気」がなぜ引き出されないのかという失敗原因や、これを引き出せなければどのような問題や結果につながるのかという失敗結果を議論することができるだけでなく、さらには「やる気」をどうすれば引き出すことができるかという教授法の工夫(＝FD)に関する議論も可能になってくるであろう。

第2節　学習意欲の失敗マンダラ

　学生の「学習意欲」の失敗は、3つの観点からマンダラ図として示すことが

できる。まずは第2章では実現しなかった「失敗行動マンダラ」を同定するところからスタートしよう。

(1) 学習意欲の失敗行動マンダラ

図4-1は学生の「学習意欲」を引き出すことに失敗したときの具体的な行動をマンダラとして表現したものである。たとえば、ある学生がプレゼンをするアクティブラーニング事例でこの図を説明しよう。

- 「発表すべき学生が準備してこなかった、あるいは明らかに準備不足だった（宿題等準備不良）」
- 「発表学生が当日無連絡で欠席した（無断欠席）」、「聴き手の学生が発表中に居眠りしたり、携帯をいじったり、内職したりしていた」
- 「発表後の質疑に誰一人質問しなかった（不発言）」

以上のことは、「やる気」がないと判断される典型的な行動事例であろう。さらに、クラス全体の場では発言しにくいと思い、即席で数名のグループをつくり発表内容の要約と質問を準備させるアクティブラーニングをさせた場面で説明してみよう。

- 雑談
- トイレ退出のふりしてタバコを吸いに出る（途中退席）

以上のような数々の「やる気」失敗行動が現出した。これらの失敗行動がすべて出そろう事例は少ないかもしれないが、一つ二つが起きた事例はとくに珍しいというわけではないだろう。これらを分類すると、「①個人怠惰」、「②不参加」、「③集団浅慮」の大きく3つの行動に集約して表現することができる。

ただ、注意すべき点は、これらの失敗行動例について、授業を担当する教員の目線で「やる気がない」と判断していることである。現実には、途中退席の理由は風邪など体調不良のせいだったかもしれない。ひょっとすると、事

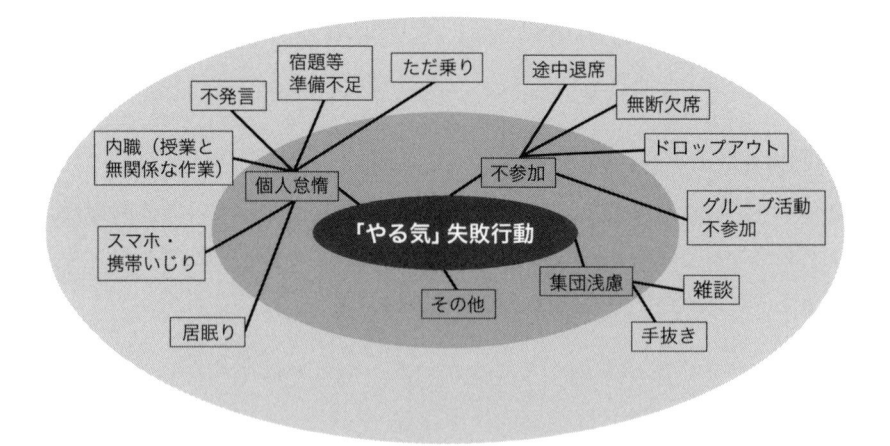

図4-1 学習意欲の失敗行動マンダラ

前に出された作業課題の指示がしっかりなされなかったためにプレゼン準備が十分にできなかったのかもしれない。このように学生の「やる気のなさ」は、現象としてそのように見えるだけであって、ときとして教員が原因になって引き起こされたのかもしれないのである。

いずれにせよ議論を「学生の学習意欲を引き出す」目的に限定したことで、失敗知識化の第一段階として「何がそもそも失敗なのか」について具体的な行動事例として体系的に明示することができた点で、混乱したアクティブラーニング失敗マンダラから一歩抜け出し進歩している。

(2) 学習意欲の失敗原因マンダラ

図4-2は、上述した学生の「学習意欲のなさ」がどのような要因に起因して生じるのかを分析するための失敗原因マンダラとして表現したものである。図の左下からスタートして右回りに進むにつれて、大きくは個人学生→学生集団→教員に起因する失敗へと展開するよう図示されている。

要点を説明すれば、次のようになる。第一に、個人学生レベルにおいて、知識や能力、意識の面で十分に準備が整っておらず、学習に適応しない、あるいは適応できないことが、行動マンダラに見られるような「個人怠惰」に見

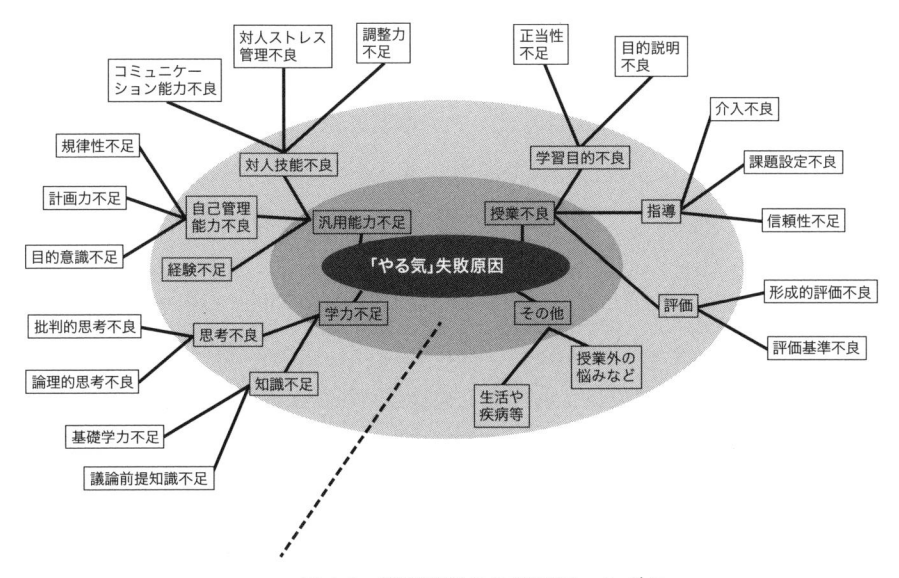

図4-2 学習意欲の失敗原因マンダラ

える行為を生む原因の一面をつくりあげている。

　第二に、学生集団レベルで、グループワークをこなすための対人スキル不良があるとそのワークが機能せず、傍目には「集団浅慮」が起きているように見えることがある。

　第三に、教員のレベルで、授業そのものに不良問題が起きているときには、それが極端な場合には「負の触発」につながり、学生の個人怠惰、集団浅慮、不参加の行動を引きおこす、つまり学生の「やる気のなさ」という結果に至るのである。ここで「負の触発」という用語を使った意味は、教員が、「学習内容」の面でも、「自己との関わり」の面でも、学生の「やる気」を触発できなかった（＝ゼロの触発）だけにとどまらず、さらには目的意識を持って積極的な理由を持って科目登録したかもしれない学生の学習意欲を削いでしまった（＝負の触発）ということとして説明できる。

〈A〉学力不足

　グループワークやディベートなどのアクティブラーニングの手法を導入するのに際して、講師が二の足を踏むことがあるが、そうした講師たちがよく口にする言葉が「学生には知識や能力が足りないから、そんなことやらせてもできない」である。この申し分は一面において合理的な説明である。この点について、①学力不足と②汎用能力不足で確認するとともに、この問題に対して、FD（Faculty Development）の視点から、教員として対処できる点、ないしは努力すべき余地を見出すことができれば、本章の狙いである「学習意欲を引き出す」ことに向けて前向きな議論につながる可能性がある。

〈A1〉「知識不足」

　「知識不足」には2つある。「議論前提知識不足」は、学生がグループ討論をするときに共通の知識基盤を共有していることが前提になることを意味している。この前提知識がその授業の中で与えられていなければ、ないしは過去の授業で蓄積されてきていなければ、学生にとっては議論をしようにも何を話せばよいのかわからないため、「やりたいのにできない」状態になる。これは教員には「やる気のなさ」として見えるかもしれない。「基礎学力不足」は、直前で述べた前提知識と同じ話を、基礎学力に置き換えて繰り返したものである。

〈A2〉「思考不良」

　「思考不良」には2つある。「論理的思考不良」は、論理的に物事を考え、組み立てができる力の問題である。「批判的思考不良」は、一度自分で組み立てた思考について、別の観点から捉えてみたり、もっと優れた思考がないか検討し直したりするアカデミック・スキルズの問題である。したがって、先述した知識不足とこの思考不良を合わせて「①学力不足」の問題として取り扱っている。

〈B〉汎用能力不足

　「経験不足」は、何かの力が一度発揮できるだけでなく、異なる状況におい

ても柔軟に対処しながら繰返し発揮することができる力の問題である。「やる気」との関わりでは、誰しも一度も実践したことのない活動をするのに二の足を踏むことがあるという意味である。勇気を持って最初の第一歩を踏み出しさえしてしまえば、次の第二歩目を踏み出すハードルはだいぶ下がるのである。別の言葉で表現すれば、この能力は、言うまでもなく、4年間の大学生活のうちでたった1度の授業だけで訓練を受けたとしてもそれだけでは定着しないことをも意味している。能力は、授業を変え、場面を変えながら、幾度となく繰り返して実践しているうちに、確固たる能力として定着してくるものである。この点は、「やる気」へのハードルを下げるためにも、カリキュラムの問題として検討しなければならないことを意味している。

〈B1〉「自己管理能力不良」

『自己管理能力不良』には3つある。「目的意識不足」は、「不挑戦」も含む。「計画力不足」は、これから進めようとする取り組みについてマイルストーンとスケジュールを立てるような、段取りする力の問題である。「規律性不足」は、（規則正しい生活をして）他者を敬い、挨拶を欠かさず、遅刻をしないなど社会のルールを守れるような規律性における問題のことである。以上の諸問題が起因になり、学習上の何らかの問題が発生し、これが学生の「やる気のなさ」につながるのである。

〈B2〉「対人技能不良」

「対人技能不良」は、先の自己管理能力と対照的に位置づけられる人間関係能力に関わるものであり、3つある。「コミュニケーション不良」は、自分から相手に思いを伝える発信力と、逆に相手のメッセージを十分に聞き取り理解して受け止める傾聴力の2つを基本的な構成要素とするコミュニケーション能力の問題である。「対人ストレス管理不良」は、とくに長期継続するグループワークで発生しやすい人間関係のコンフリクトに対処する能力の問題である。「調整力不足」は、グループワークで双方向コミュニケーションすることによって最終的にグループとしての一つの結論に到達するために必要な関係者間の意見相違を調整する力の問題である。以上の諸問題が起因になり、

学習上の何らかの問題が発生し、これが学生の「やる気のなさ」につながるのである。

〈C〉授業不良

これまで〈A〉と〈B〉では「学習意欲のなさ」は、半ば「学習する主体」である学生自身に原因があるかのように述べてきた。とはいえ、「教員の授業」そのものにも問題があるから「やる気のなさ」が生じる点も看過できないため、ここで③授業不良の問題として取り上げることにする。

〈C１〉「学習目的不良」

「学習目的不良」には２つある。「正当性不足」は、シラバスやカリキュラム体系に示されている科目目的と、ここで実践しようとしているアクティブラーニング手法の目指すところが整合していない問題である。「目的説明不良」は、教員が学習目的をしっかり説明できていないために学生がこれを理解できていない問題である。

以上の「学習目的」に起因する問題は、そもそも何のためにそうした学習をするのかという出発点でもあるため、ここが崩れると学習の行程全体の崩壊を来しかねない問題でもあり、これが学生の「やる気のなさ」につながるのである。

〈C２〉「指導不良」

「指導」には３つある。第一に、「介入不良」は、自主性を育成したいための不介入の方針と、対照的に目前の学習成果を高めたいための介入の方針とのジレンマを乗り越え、設計した学習目的に適合するように介入方針を決定する上での問題である。たとえば、悩みながら試行錯誤し自主性を尊重し不介入の方針をとる授業だったのに、不用意に公開発表会を計画したために、地域・産業界や教育関係者などの学外来場者の手前、恥ずかしくない成果披露をさせたくなって、つい介入してしまうようなケースがある。一般には学習目的と指導方針と実体がずれることは「学生のやる気」にとって負の影響を与

える。

　第二に、「課題設定不良」は、アクティブラーニング手法としてグループワークを選択しようと、ディベートを選択しようと、振り返り作業をさせようと、どのような手法を用いようとも必ずと言ってよいようにこれは作業課題を伴うことになる。この作業課題を効果的に設計する上での問題である。学生は、どうアプローチしてよいかわからないような曖昧な課題を、大きな課題だからと言って40分のグループ討論を指示され、何のヒントも与えられないでいれば、そのグループワークは沈黙するか雑談になるか、いずれにしてもあまり機能しないであろう。もちろん学生が悩みながら大きな課題に食らいつくならば、それも一つの学習かもしれない。だが、もしそれに食らいつかない（＝やる気がない）ならば、あるいは食らいつくための工夫が講じられていないなら、その費やした時間と学習成果はどのように説明責任をもって語られるのであろうか。こうした理由から、PBLなど課題発見や課題解決に関わるプロジェクト学習に注目が集まっている昨今、課題の設計（作業課題の決定とその提示の仕方）に関する調査や研究のより一層の発展が求められている。

　第三に、「信頼性不足」は、講師と学生間の、指導する側と学ぶ側の信頼が構築されない問題であり、通常これは「学生のやる気」に負に作用する。

〈C3〉「評価不良」

　『評価』には3つある。「評価基準不良」は、成績評価基準が全体として学習目的に適合しているかどうかに関わり、すなわちアクティブラーニングでの作業を成績評価に位置づけする問題である。とくにグループワークの場合、適切な位置づけがなされていないと、学生の不満足とやる気のなさをもたらす恐れがある。「形成的評価不良」は、授業の途中段階で学習目的の到達度を確認し評価しフィードバックする上での問題である。とくに「やる気を引き出す」上では、学習プロセスにおいて一人ひとりの学生の成長に向き合うことが重要であるとの理由から、この形成的評価不良を一つの項目に追加して取り扱う。具体的には形成的評価をした場合の、到達度確認の仕方が適切で

ない問題と、フィードバックをしない問題、フィードバックしても指導コメントが不適切である問題などにさらに細かくわかれる。

(3) 学習意欲の失敗結果マンダラ

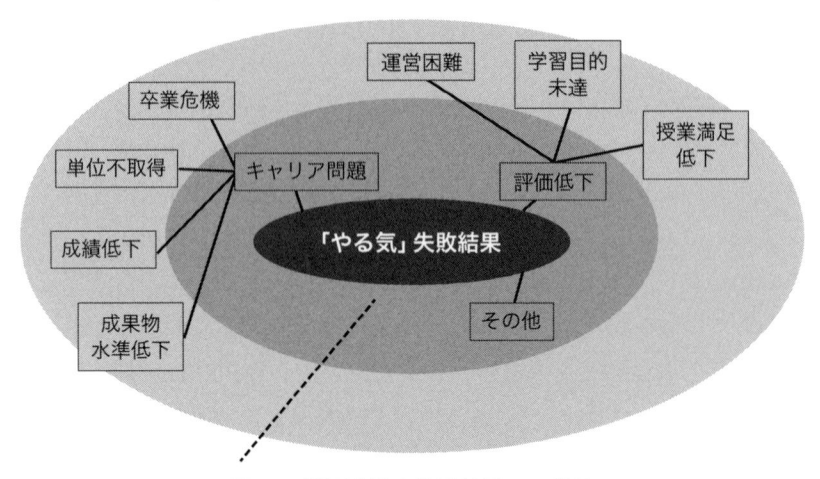

図4-3 学習意欲の失敗結果マンダラ

「キャリア問題」は、学生にとっての失敗結果であり、授業内で提出した一つのパフォーマンスの低下という軽いものから卒業危機に至る重いものまである。他方、「評価低下」は、教員にとっての失敗結果であり、軽いものでは、授業内の一つのアクティブラーニング実践での運営困難から、重いものでは授業満足度の低下があり、こうして学生からの評価、学内での評価が下がる問題である。

　この学習意欲の失敗結果マンダラから得られる重要な示唆として、学生にとっての重みと教員にとっての重みの違いについて、教員にとっては目の前の授業や教育が上手くいくかいかないかの問題に近いが、学生にとっては目の前の授業の単位を落とすことにつながりかねず、極端な場合には卒業危機に陥る意味で、学生の方が失うものが大きいのである。

この学習意欲の失敗マンダラ(**図4-3**)を、第2章の図2-2で紹介した鳥瞰図マンダラと比較してみてほしい。鳥瞰図の第一円環(第二円環)には、「学生：パフォーマンス低下(グループワーク無機能化・成果物水準低下)」「教員：運営困難(教育負担増加・要件未完了)」「各種被害(精神的苦痛・信用失墜)」が示されていた。学習意欲の結果マンダラでは論点が絞り込まれることによって、学生にとって、教員にとって、そのときに問題になっている事柄や諸要因を図示化することができる。その分、鳥瞰図の用語展開との間にズレが発生してしまうという結果にもなりうる。このズレについては、次章で述べる構造-行動-成果ツールキットでも再度述べよう。

　このズレの問題をどう考えるかはわかれるところであるが、とにかく教育の現場で、教員が「学習する主体」である学生を育てる責任と自覚を十分に認識することが大事であろう。それとともに、「学生のやる気」を育てることがいままで以上に科目を担当する教員に求められているのかもしれない。

　最後になるが、この章で示した学習意欲(やる気)の失敗マンダラは完成形ではない。多くの事例を位置づけながら改善を施す必要があり、そうすることで一歩ずつ完成に近づくと考えている。

まとめ

- アクティブラーニングにおける中核概念である「主体性」や「学習意欲」をテーマとして、これが失敗する仕組みを分析した。
- 学習意欲などのようにテーマを限定すると、「失敗行動」の同定をし、「失敗原因」と「失敗結果」を合わせて3つのマンダラにより図示化することができるようになる。
- 失敗原因は、さらに「学力不足」、「汎用能力不足」、「授業不良」を大項目として、さらに詳細な分類整理をした。

文献

亀倉正彦(2015).「失敗マンダラを活用したアクティブラーニング授業の失敗事例分析—学生の「やる気」を引き出す観点から—」, *NUCB Journal of Economics and Information Science*. Vol.59, No.2. March 2015. pp.123-143.

経済産業省編・河合塾制作(2008).『今日から始める社会人基礎力の育成と評価—将来のニッポンを支える若者があふれ出す！—』角川学芸出版.

さらに学びたい人に

- ケラー, J. M.(2010).『学習意欲をデザインする—ARCSモデルによるインストラクショナルデザイン』(鈴木克明訳) 北大路書房.
  ▶学習意欲をAttention注意、Relevance関連性、Confidence自信、Satisfaction満足感の4つの観点から解き明かす意欲作である。
- レイサム, G.(2009).『ワーク・モティベーション』(金井壽宏 監修 依田卓巳訳)NTT出版.
  ▶動機付け理論を歴史的に整理し、学校教育でも参考になる。
- 桜井茂男(1997).『学習意欲の心理学—自ら学ぶ子どもを育てる—』誠心書房
  ▶内発的動機付けを中心にすえ、実践を目指している。

第5章

2つのツールキット

　失敗事例から何を学ぶべきか。これまでは失敗事例ハンドブックや学習意欲の喪失に関する大きな失敗事例をとりあげて紹介し、その対策を検討してきた。次のステップとして、失敗事例を検討してくる中でわかってきたことは、十分に「授業準備」をしておけば、容易に防ぐことのできたはずの小さなミスからアクティブラーナーの試行錯誤までいろいろ見えてきたということであった。

　そこで本章は、これらを大きく2つのツールキットとしてまとめる。まずは失敗事例からの学びの本筋に沿って、すなわち「どんな場面で」「どんな文脈で」そうした失敗が起きているかを大切にしながら、小さなミスから学んでいくことにしよう。こちらは「構造-行動-成果(SCP)ツールキット」として紹介する。

　次に、授業準備をしていく上でミスしがちな失敗事例を7つに整理しながら、それらをチェックポイントにして活用することができるようにする。こちらは「授業準備ツールキット」として紹介する。

第1節　構造-行動-成果(SCP)ツールキット

(1) 原因-行動-結果では失敗事例の分析がしにくい

　まずは、失敗事例から学ぶための準備体操から始めよう。どんなことでも

構わないので、自らのアクティブラーニング失敗談(思うように行かなかった経験談)を何か一つだけ準備してみよう。その体験にあてはめながら以下を読み進めるとさらに理解度が増すものと思われるのでお勧めしたい。

　第一のツールキットは、失敗事例の分析ツールである。これにより失敗を振り返り省察し、ただの失敗にとどめることなく、次の成功へのステップにつなげていくための分析枠組みを習得しよう。ここでいうSCPとは、「構造(Structure)－行動(Conduct)－成果(Performance)」の頭文字をとったものであり、産業組織論のフレームワークを活用した概念である。産業組織論のSCPモデルは、競合企業の数や参入退出費用などの産業構造(S)が、プライステイカーや談合などの企業行動(C)を生み出し、これが業界標準並みの収益など成果(P)につながるのか、それとも上回る(下回る)のかにつながるのかを明らかにするモデルである。とくに構造(S)を中心にして説明する。

　これを教育、アクティブラーニングの失敗事例の文脈に当てはめてみよう。先に第2章で「原因-行動-結果」として捉える観点を提示した。これは分析結果をまとめて提示するときには有用な見せ方である。だが、失敗事例そのものを分析していく段階では「原因-行動-結果」と捉えてしまうことには若干の難しさがある。

　もう少し詳細に説明しよう。失敗行動事実が特定化されたとき、それを生み出した原因は何かと考えることが失敗原因分析であるが、関連してよく突き当たる問題がある。それは、「失敗《原因－結果》の無限階層化」の問題である。つまり失敗の原因をどこまで追求すればいいのかということである。いろいろと原因は分析してみるものの、どこまで追求すればいいのか見当がつかず、終着点が見えづらくなる。ここで「構造」という言葉に置き換えると、失敗をもたらしたものが、授業のどの構造要因に関連しているかについての分析が可能になる。そうするとその失敗を起こさないための対策も操作可能な形にして追究していくことができるようになる。この点は後述する。

　ただし、「失敗結果」については「成果(P)」という観点とかなり類似した意味で使用することができる。両者共に本来アクティブラーニングを実施する

ことで果たすことができる科目の学習目的を「結果＝成果機能」に置き換えて理解することが可能だからである。

(2) 構造-行動-成果を分析に用いてみよう

　このモデルをアクティブラーニングやインターンシップなどの教育失敗事例に適用しようとしたのが、この「構造-行動-成果ツールキット」である。これを教育の文脈にあてはめて表現しなおせば、「授業構造要因(S)-学習・教授行動(C)-成果(P)」と置き換えられる。ここではとりわけ①授業構造要因に焦点を置きつつ説明しよう。

①授業構造要因(S：Structure：構造)

　学校の授業(本書ではアクティブラーニング授業のこと)を構成している諸要因のことを意味する。教科書やシラバス・指導案などもそうした要因として挙げることができよう。第1章で詳細を述べたが、以下に、アクティブラーニングのツールキットとの関わりで一例を挙げておこう。

　〈A〉学生-能力面
　　〈A1〉知識…作業するために必要となる前提知識や当日に新たに学ぶべき知識など
　　〈A2〉技能…知識を活用するなど学びのために必要となる能力
　〈B〉学生-志向面
　　〈B1〉意欲態度…知識を学び活用するのに際しての心構えや態度
　〈C〉教員-能力面
　　〈C1〉授業準備…授業時間外に行う準備やフィードバックなど
　　〈C2〉教授能力…授業中における知識・技能の習得に直接関連する教授能力
　　〈C3〉教室管理…授業中の学びの場全体の環境づくり
　〈D〉教員-志向面

〈D1〉…学生への教育指導方針に関して教員が持っている価値観や信念
〈E〉組織-能力面
　〈E1〉制度…各組織の教育関連の規程やルールなど
　〈E2〉体制…各組織の教育のための組織体制ための組織体制

　これらはいずれも相互に複層的に関連しあっている。一部だけを見ると偏りが生まれる。ただ、その中でもとりわけアクティブラーニングの失敗事例に関わりが強いと思われるものが「授業準備」である。したがって、次節ではこの授業準備の観点から、予想される失敗を織り込みながら、優れたアクティブラーニング教育を組み立てるための考え方やヒント（＝授業準備ツールキット）を紹介する。

　②学習・教授行動
　学習・教授行動とは、そうした諸々の構造要因が複雑にからみあうことにより、学生にとっての「学習行動」として、または教員にとっての「教授行動」として表出することである。学習意欲の観点から見られた失敗行動事例については、すでに第4章で述べたとおりである。
　・授業時間内……（個人・集団）学習態度・立ち振舞い、作業、他者との対話、ルール遵守、礼儀作法など
　・授業時間外……（個人・集団）予習・復習、授業外の集まり、オンライン掲示板、LINE・電話・メールなどのコミュニケーション

　「学習行動」の一例であるが、2人の学生が同じつまらない授業を受けていても、片方の学生は単位が欲しいので頑張って起きて自主的なノートテイクを続けていて、残る片方の学生は緊張の糸が切れてしまい膝上で隠れてスマートフォンで趣味の情報収集をして疲れたら眠ってしまうことがあるかもしれない。
　上記の事例を「教授行動」として見れば学生にとってあまり興味を持たれない授業をした失敗行動として、同じ事例を学習行動としてみれば後者の学生

はスマホ&居眠りの失敗行動として、それぞれ失敗事例分析が可能になるのである。

③成果
　失敗事例の分析に特化するためのツールとして「成果」に着眼することには大きな意義がある。アクティブラーニングの成果と言えば、当然のことであるが、科目の学習目的への貢献ということになるだろう。こうした成果には主に3つある。

・知識獲得や知識応用などの「学習成果」
・自己の将来などを議論して見識を深める「キャリア形成」
・主体性などの社会が求めるような「汎用的能力」
・その他

　このようなアクティブラーニングの構造-行動-成果ツールキットを用いることで、「成果(P)」の①〜③に着眼することによって、失敗結果マンダラで見られた分析上のブレの問題(第4章で既述した)が解消する。そして、「学習成果・キャリア形成・汎用的能力」という学習目的を到達点として見据えた、確固たる失敗事例分析が可能になる。ここにツールキットとしての価値がある。

　以上のように、とくに授業構造要因に限定すれば、授業準備・教授能力・教室管理という明らかに教員に関わる3つの要因と、知識・能力・意欲態度という学生に関わる3つの要因と、そして制度・体制などの授業からすると外部の教育環境に関わる2つの要因の合計8つの要因から成っている。これらの1つずつの要因はあくまでもツールキットであり、どんな場面でも必ずすべてを使うとは限らないが、これらの要因を念頭に置いておくことで、まずは教員自身が「失敗事例から学び成長するアクティブラーナー」になれたら

との願いから、ここに取り扱うことにした。筆者自身はもちろん、多くの皆様がいろいろな場面でここに立ち戻って、参照してもらえるようなものになればと願っている。

(3) 予習をしてこない学生の事例で理解する

以上のことについて、アクティブラーニングでよく問題になる「予習をしてこない学生」という失敗行動を事例に挙げて説明しよう。とりわけ失敗原因を追究する上での原因分析と構造分析の違いを同じ事例で比較することで、構造分析のもつ高い分析力を示す。

①原因追究に潜む「犯人探し」の危険性

原因分析と言えば、「なぜを5回繰り返す」などのように、一つの要因を深く掘り下げて理解しようとする傾向がよく見られるようである。ただし、これは自分がこれから意思決定をしようとするときに用いる標語であって、すでに起こった失敗を原因分析するときに用いると必ずしも適切な分析につながらないことがある。

「予習をしてこない」という失敗行動でこのことを具体的に理解する。以下は、その分析の、よくありがちな一例である。

「予習をしてこない」ことへの原因追究
　→(ア)課題が難しかったから予習できなかった
　→(イ)時間をかけようにもクラブ活動が大変で疲れていた
　→(ウ)クラブ活動後に予習しようとしたら友人から電話がかかってきた
　→(エ)電話後は遅い時間になったので1限に間に合うように寝た
　→(オ)無理に起きて宿題しなかったのは自分が悪かったのかな…(反省)

(ア)は、教員の課題提示にも問題があったのではないかと責任の一端を押し付けている。同様に(イ)はクラブ活動のせいに、(ウ)は友人のせいに、(エ)

早朝から授業がある時間割のせいに、そして(オ)は自分自身の心がけのせいに、それぞれ責任を押し付けるようにもなりかねない。以上のように、原因分析を深める方法は、最初に着眼した一つの要素を契機にして責任転嫁を繰り返して、最後は自分か他者のどちらかに責任が帰着して終わるパターンになりやすい。これを次回予習してくるための前向きな反省材料にするには限界がある。とくに教職員などが面談でこの方法を用いると、多くの場合は学生の反省の言葉を引き出すことをゴールにしがちになり、最後に残るのは学生の反抗心になり、結果的に事態を悪化させることすらありうる。

②構造分析が促進する「多面的な」原因理解
　次は、同じ事例を構造分析してみよう。
〈A〉学生-能力面
　学生がそのときに持っていた知識技能ではこの宿題は手に終えなかった。学生自身が反省すべき部分もあるが、他にも多くの学生が同じ問題を抱えるなら、これは教員の課題出しの原因を疑うべきかもしれない。
〈B〉学生-志向面
　クラブ活動後の友人との電話は楽しいだろう。だが習慣化しているなら、予習課題が出されているときは、その電話を断るかあるいはそれ以外のときに宿題を済ませる時間を確保する努力をしなければならないだろう。
〈C〉教員-能力面
　課題出しに一工夫できなかったか。能力がやや低めの学生が躓くことを見越して、予習で参考になる教科書のページを伝えるという小さな手間をかける。あるいは、ただ課題内容を指示するだけでなく、なぜこの課題をやってきて欲しいのかなどのメッセージを一言送り激励する。また、宿題は次回授業で回収し、成績評価の参考資料にするなどのプレッシャーを掛ける。
〈D〉教員-志向面
　その分野を初めて学ぶ学生に応用課題を宿題にするのは無理があるかもしれない。また、宿題させたのに次回授業ではこれをそっちのけにして異な

作業課題をさせたり、教員自身が教室に遅れてきたために宿題を確認せずに授業を終わらせたりすれば、やがて学生は予習しなくなるだろう。根本を辿れば、平素の授業が難解で理解できない上に、宿題まで課されて実は学生が困っていても、そんな学生の様子を気にも留めず、学生自身の力で乗り越えることで力がつくと信じている教員の教育信念も一つの原因になるかもしれない。

〈E〉組織‐能力面

アクティブラーニングの全学実施、あるいは時間外学習の確保などを掲げて、学生の状況を思慮することなく、受講する全授業で大きな学習負荷が掛かれば、予習が行き届かなくなるかもしれない。

こうした分析を進める際に、本書の第1章で述べた「教育環境(図1-1)」も大変有用なので併せて活用することで、さらに立ち入った構造分析をすることが可能になる。明らかに構造分析をした方が、FDとしての多面的なアプローチになっているし、有効な解決策につながりそうである。今回は「予習」の事例を分析したが、本来は「グループワーク」などのアクティブラーニング活動の方がさらにフィットした適切な分析も可能になることを申し添える。

第2節　授業準備ツールキット

　授業準備は、授業を構成する構造要因としては最も基本的かつ重要な役割を果たすものであろう。授業準備は、当然のことながらその授業を担当する教員が行うものである。この準備がどの程度しっかり行われたかどうかにより、学生の学習行動とその学習成果が大きく影響を受ける。つまり授業準備を事前にしっかり設計しておくことが、アクティブラーニングの成功にも失敗にも大きく関係するということである。

　さて、授業準備には具体的にはどのようなものがあるだろうか。ここでは「教科書シラバス」、「指導計画」、「評価計画」について触れる。以下に一つずつ

紹介していくが、その前にあらためて本書の立場を強調させていただく。本書は、こうすればうまくいくというティップス集ではない。教科書シラバス、指導計画、評価計画の3点について、6つのアクティブラーニングのミニ失敗事例を引き合いに出しながら、成功するためのツールキットとして以下に紹介していく。

(1) 教科書シラバス

□授業準備01. 教科書で失敗するアクティブラーニングとは
□授業準備02. シラバスで失敗するアクティブラーニングとは

　教科書シラバスは、「学生の学びに対する教員からの約束事」という意味で用いることにしよう。教科書とシラバスは学外に公開されることも珍しくないので、とくに失態を防ぎたいところである。教科書やシラバスに関することで失敗する事例をいくつか挙げておこう。いずれも学生の学びの観点に立った具体的な失敗事例から学ぶアクティブラーニングの問題として紹介したつもりである。

　ここで、このように教科書シラバスを書かなければならないなどの訓示を垂れるつもりはまったくない。教科書については教員の裁量で決定できる余地があるけれども、シラバス作成について各大学に書式や要件が定められておりこれに従わなければならないことも多くある。それに、その科目の学びの特徴、つまり知識獲得を目的とする学びなのか、それとも知識応用実践を目的とする学びなのかによって、シラバスの書き方が変わる可能性もある。

　したがって本項目では、シラバスにこれを書かなければならないというシラバス作成の指南書にするのではなく、失敗防止の観点から、その教科書やシラバスのことを思い浮かべながらカギカッコ内の□にチェックリスト風に印をつけながら、何か予想されるリスクや事前に回避可能な対処事項がないか確認してもらえるようなつくりを目指した。

□授業準備01.教科書で失敗するアクティブラーニングとは

[□A．教科書の指定と活用の方法が適切ではない]

　教科書を指定せずに(あるいは指定したとしても使用せずに)教員からの配布プリントやプレゼン資料だけで授業を進めようとすることは一般に起こりうることである。ひょっとしたら、このために学生は学習を自分のリズムで計画的に進められず、最悪の場合は大学へのクレームとして顕在化することがある。このことはアクティブラーニングとの関わりでも基本的に一緒であり、たとえばサービスラーニングでは時として現場実践に関わる情報や実践そのものが重視されることがあり、その結果、理論や学習知識との関連性が希薄になることがある。

　理論や学習知識の希薄化そのことが問題になるかどうかは、カリキュラムとの関わりで判断すべきことがらであるため、ここでその善し悪しを論じることはしない。それでもこのような文脈依存知識は、その現場との関わりがあって初めて意味あるものになることを考えるなら、これがどのようにすればさらに多くの場面でも活用しうる、いわゆる一般的な知識になるのか、そしてそうした知識の一般化のあり方について教員は常に念頭において授業の設計をしてもよいのではないだろうか。進めようによっては、抽象化能力を訓練・研磨することにもつながるだろう。こうした観点も含みつつ、教科書の指定のあり方とその教科書の活用方法については再考の余地があるかもしれない。

[□B．教科書の難易度や内容が適切でない]

　難解な用語や表現が多い、年代が古い、やや紹介内容に偏りが見られるなどの問題は一般的に指摘されるところである。また、基礎的概念ばかりで具体的事例に乏しくイメージが湧きにくいとっつきにくい教科書もあるし、その逆に具体的な事例ばかりで、知識の一般化が難しいような教科書を指定されて、どちらにしにも学生には役立たないと感じられることがある。

ときに、応用実践の授業で指定された教科書が名称だけで選択したために現実の応用分析の場面で役立つようなツールがなかったなどの問題も報告されている。その科目がたとえ基本的知識の獲得を目指していたとしても、その科目でアクティブラーニングを実施する場合、どうしても獲得した知識の活用・応用や実践を志向することになりがちである。このような応用実践を志向する学びに直接的に役立つような教科書はなかなか見つかりにくいことがある。

[□C．教科書の趣旨説明や活用法が案内されていない]
　教科書はこれに則って学生が学びを進める基本書であることから、この教科書を選んだ理由を最初の授業で学生に語ったり、この単元の内容はこういう点で注意が必要だからプリントによる補足をする旨の説明を追加したり、教科書学生を進める上での有用なアドバイスを与えることは、非常に大切である。
　また、アクティブラーニングとの関わりで、この章や単元の知識を持っていることを前提として第×回授業でこのようなテーマでディスカッションするなどの案内が前もってなされていれば、学生は平素から必要性を感じて、教科書を読むような習慣づくりにつながるかもしれない。
　このような努力をしないで「教科書を読もうとしない最近の学生はやる気が感じられない」などと責任回避するのは教員としての資質に関わるのではないだろうか。授業について行くには教科書を読まなければならない、あるいは読んでいったらアクティブラーニングで発言ができてポイントが稼げたからよかったなどの学生にとってのインセンティブ（誘因）について、教員側としての創意工夫が必要なのではないだろうか。

□授業準備02．シラバスで失敗するアクティブラーニングとは

[□A．シラバスに受講上のマイナス情報が書かれていない]
　シラバスはとりわけ教員から学生に対する約束事（すなわち契約に近い）と

しての意味合いがある。科目の名称はもちろん、その科目に割り当てられたカリキュラム上の役割や位置づけ、そして科目の学習目的がしっかり記載されていることは基本的なことである。

シラバスに関する失敗事例で気をつけるべきことは、まずは学生にとって(おそらく他科目では想定されないような負担など)、後で「こんなはずではなかった／こんなことだったらこの科目を受講しなかったのに……」などとクレームに発展しかねないように配慮することが必要であろう。

他にアクティブラーニングとの関わりでは、学外活動の有無、予想される授業時間外グループ活動の必要性、交通費自己負担、協力企業があることやその心構え、コマ外の成果発表会の実施などの情報は、学生の労力や費用などの負担に直結する問題であり、昨今の経済情勢等から生活費をアルバイトで稼ぐなどの事情も決して珍しくないなどの事情を考えても、登録前に学生たちに選択のための参考情報として責任をもって提示すべきであろう。

[□B．当初シラバス記載の成績評価基準の変更を伝えていない]

どのように学生の成績評価をするかはまさしく科目教員と学生の間の約束事である。とくに卒業要件に直結する成績評価は学生にとっては非常に重要な問題である。

シラバスに記載した成績評価基準は、それこそ公開された契約であるため、もしこの基準に変更があったのにこれが学生に伝わらないままに不合格等の結果通知を受けたなら、それはそのままクレームにつながる可能性がある。変更があったときには、授業内で学生に周知徹底することはもちろん、シラバスにもただし書きをつけて強調した上で印刷・再配布するくらいの慎重さが必要かもしれない。そのくらい非常にデリケートな取扱いが必要である。

一般的には、どれだけ学生が納得する成績評価基準になっているかどうかにかかっている。アクティブラーニングとの関わりでは、学生や学生グループの自主的な作業を促すとともに、こうした成果に基づいてさらなる授業をさらに柔軟にデザインしていくことがある。とりわけサービスラーニングな

ど学外の関係者とともに作業するような場合は、当初計画からの指導の変更は常にありうるし、これに伴い成績評価基準を変更することもありうるところである。学生を成長させるための教育的配慮に基づく基準変更は、必ずしも否定されるべきであるとは限らないだろう。

　また、アクティブラーニングでは、とくにグループワークなどで学生同士の横のつながりがあるためか、結果的に出した成績評価への質問やクレームにつながることがあるように見受けられる。この点もあわせて慎重を期したいところである。

(2) 指導計画

□授業準備03．ＡＬを導入する授業回とそのタイムスケジュールを設計していない
□授業準備04．フィードバックの計画を決めていない

　指導計画とは、先に指定した教科書やシラバスに従って、学期の授業が始まる前あるいは各コマ・各回の授業前に、第×回授業のコマで具体的にどのような指導をするのか、グループワークをさせるのか、そして振り返りはさせるのかしないのかなどの実施計画を立てることである。

　なおアクティブラーニングでは注意すべきこととして、たとえば毎週の自分の成長報告をさせ、これを成績評価し利用にするのと同時に、これにコメントをつけてフィードバックして次の成長を促すための指導としても活用することがある。このように指導と評価が一体となっていて両者が明確に区別できないことがある。

　さて、指導計画と先述したシラバスとでは異なるところがある。各回の授業内容は、ある程度は指定形式のシラバスに記載されているが、この指導計画(指導案と呼んでもよい)はシラバスとは別に自主的に作成するものであるため、ここには自由裁量の余地がある。現実のアクティブラーニングでは学生の学びに焦点があがるため、今回の学習状況を踏まえ、次回の指導案を調整

することもあるだろう。

　初頭・中等教育の多くの教員にとって指導案づくりなどは当たり前のことになっているかもしれないが、たとえば大学では、一部に指導案づくりなどまったくせずに授業に臨み、一方通行で講義して、今週終わったところから、また来週スタートするだけの授業準備をする教員もいるようである。

　講義でも指導案づくりは大事であるが、アクティブラーニングでは予想される失敗を防ぐための指導計画づくりとこれに連動する評価計画づくりがそれ以上に大事であるかもしれない。

> □授業準備03．ＡＬを導入する授業回とそのタイムスケジュールを設計していない

　　［□Ａ．ＡＬの実施計画が定められていない］
　まずは、第3章の講義のところですでに述べたことであるが、半ばアクティブラーニング以前の問題として、科目の学習目的が一定に定められている点について確認しておこう。

　その上で、次に各回授業において、アクティブラーニングをどのように導入するのか、その狙いはどこにあるのかを明確にしておく必要があろう。たとえば、第×回の授業コマで、「入門科目での知識獲得（＝科目の学習目標）」を目指して、「△△の単元の理解度を確認する（＝アクティブラーニングの実施目的）」ために、以下のような実施計画を立案し、そして実行したとしよう。

①第×回授業コマでのアクティブラーニング手法を決める。
②Ａ，Ｂ，Ｃ，Ｄ，Ｅという5つの小問題をまずは個人で解いて用紙1に記入してもらう。
③次に3－4名のグループで付き合わせて解法も含めて確認しグループとしてのベストの答案を用紙2に記入してもらう。
④その後に各グループに1つ指定した問題について発表してもらう。

⑤その発表へのクラス質疑を受けつける（発表者以外が順番を決め用紙3にノートテイクする）。

⑥聴衆学生も発表のわかりやすさと解法の適切さについて用紙4に4段階評価し理由も記す。

　これらは「やりっ放し」にしてよいのか、それともフィードバックするか、どの程度の頻度でこれを実施するかは、授業の時間的余裕やフィードバックに要する教員の負荷とも相談しながら進めていくことになろう。

[□B．作業用フォームの作成・配布準備がなされていない]
　ＡＬ失敗との関わりでは、事前の準備不足で、行きあたりばったりでこれらを実施することになると、一例であるが本ケースに登場した4種類の用紙が準備できないかもしれない。用紙など準備する必要もないという議論はあっても構わないが、その場合は報告の「ひな形」を自分たちで作成させることになる。このひな形の作成にも学生グループの議論と時間を必要とすることがあり、この負担が本来目指すべき「△△の単元の理解度を確認する」を犠牲にすることも考えられる。
　もし限られた時間を効果的に活用して所期した成果を上げたいと願うならば、事前にひな形は教員で作成・印刷して配付資料に加えることが必要かもしれない。

[□C．各回の時間進行計画が不十分である]
　先の「△△の単元の理解度を確認する」ための第×回授業が90m（分）だと仮定する。00-10m出席・今回のアクティブラーニング趣旨説明。10-25m個人作業（用紙1：1題3分*5題）。25-50m集団作業（用紙2：1題5分）。50-80mグループ発表（用紙3,4：1題6分に発表・質疑含む）。80-90m用紙回収・振返りと次回案内。このように時間計算を見積もれば、1題あたりの発表時間はせいぜいのところ2〜3分程度であろう。これも事前説明に含めて集団作業するよう

にお願いしておかなければ、時間内に終わらず非常に中途半端な形で授業を終わらせる「アクティブラーニング失敗事例」になってしまうかもしれない。

　サービスのつもりで授業最初に要点確認する講義などしたいところであるが、もし講義を15分でも実施すれば、まず授業時間内に所期した学びを終えることは非常に困難な状況になってしまう。90分の授業時間を確保しても、案外余裕は生まれないものである。

　ましてや各回授業が50分などになる高校などであれば、2コマを連続して確保することが必要になるかもしれない。現実にグループワークに入る前に前提知識の確認で手間取ってしまい、討議する時間的余裕がなくなった事例は多数報告されている。ただ、もしこうして小気味よい授業のリズムを作りだせたならば、作業中の雰囲気が間延びすることも少なくなるかもしれない。

[□D．授業のリズムが適切に設計されていない]

　授業のリズムを考えてみよう。いつも同じリズムで授業をしていると、最初は刺激を受けて生き生きと作業に取り組んでくれていた学生たちも、徐々にパターンを読まれてしまい、だんだん飽きられてくることがある。講義もいつも同じ単調なリズムを繰り返せば徐々に慣れてしまいマンネリ化するが、これも第2章2節で触れたように、アクティブラーニングでの失敗事例の一つである。そんなときはいつもの順番を変えたり、新しい要素を加えたり、何か変化を加えることにより、新鮮さを失わないような工夫をすることも重要かもしれない。

　ただし、あまり変化させすぎると、今度は学生たちの学習リズムが一定せず、逆に不安感を与えてしまい、これがまた別のアクティブラーニング失敗事例につながることも忘れてはならない。朝起きて歯磨きするなど日常的に繰返し実施する作業をルーティンと呼ぶが、こうしたルーティンには無意識レベルにまで落とし込んで作業を効率化する効果もあり、ある種の安心感を与える効果があることも付言しておく。

□授業準備04.フィードバックの計画を決めていない

アクティブラーニングの中でも、なかなか難しいとされているものの一つがフィードバックである。なぜこれが難しいのか、理由がいくつかある。

授業中間段階で実施する小テストの採点を一例にして説明しよう。途中段階でフィードバックされるということは、その学生の学びの進捗状況を確認することでもあるけれども、同時に「あとはここを頑張れば合格点に近づくよ」などのメッセージを送るための格好の手法になっている。今回、このフィードバック評価計画ではなく「指導計画」に含めた理由もここにある。一人ひとりの学習の到達度を確認しながら、適切なメッセージを送ることは、決して簡単なことではない。この作業を少しでも楽にするために、「学生に見せてメッセージを送るための採点表」を作成することもある。Excelなどの表計算ソフトを使ってこれを作成するまではやや手間が掛かるけれども、一度作成してしまえば、これは全学生に使いまわすことができるし、その採点表の各評価観点について、該当するレベル基準とメッセージのところにチェックを入れるだけで済む。**図5-1**の採点表例を参考にしてほしい。

採点表(一例)

あなたの得点　15　点（満点30点）

	優秀 100−70%	さらに上を 69−40%	要努力 39−0%	満点 (30点)
単元A		5		10
単元B	8			10
単元C			2	10
知識習得		12		20
応用・考え			3	10

コメント（"＋"は優秀・[空欄]は可・"−"は要努力）

[各項目ごとの知識の習得情況]

◆ 単元A（項目①_＋_ 項目②_−_ 項目③___）

◆ 単元B（項目①_＋_ 項目②___ 項目③_＋_）

◆ 単元C（項目①_−_ 項目②_−_ 項目③___）

□ 自分の考えは述べられているようです。

レ□ 自分の考えをもう少し多めに書くようにしましょう。

レ□ 書かれた意見には根拠が全体的に付いています。

□ 書かれた意見への根拠を述べるようにしましょう。

[その他コメント]

図5－1　教員負担を和らげる採点表(一例)

近年は、アクティブラーニングの時流に乗り、ただ採点するだけでなく、コメントも添えて返却する、しかもこれを半強制的に実施する動きさえ見

られ始めた。このことそれ自体は、「やったらやりっ放しにしないで、反省をして学習を前に進める」という観点からはむしろ奨励されるべきであるかもしれない

だが、現実にはフィードバックを充実させることと、このために要する作業負荷(work load)がトレードオフ(※あちらを立てればこちらが立たない)の関係になり、現場の教員が混乱してしまうことがある。こうした事態もいわばアクティブラーニング失敗の一つとして考えられ、あるべきフィードバックの形とそのためにかける苦労をどう両立させるかが、現場での挑戦課題の一つになっている。上に示した採点表は作業負荷を減らすための1つの方法である。

それでは、失敗を防ぐために考慮しなければならないフィードバックにはどのようなものがあるだろうか。その基本的な考え方を以下に解説しよう。

[☐A．フィードバックの目的が明確でない]

フィードバックの目的が「知識定着など学習成果を高めたい」からなのか、「批判的な思考を醸成させたい」からなのか、「自主的な学習姿勢を身につけさせたい」からなのか、「他者の客観的な評価や意見を知り自己を相対化する作業をさせたい」からなのか、それともそれ以外の他の理由からなのかについて、自分の考えを明確にすることがまず大事であろう。

なぜならその目的を考慮に入れずに形だけのフィードバックを嫌々ながら進めてしまうと、「あれもこれもフィードバックしてやりたい」とメッセージが多量かつ複雑になり、学生にとっても、教員にとっても混乱する事態になってしまう。

フィードバックの場合は、学習目的をできるだけシンプルに絞り、学生と教員の両方にとって「ぱっと見てわかる」ようにメッセージを送ることである。限られた時間と労力を考慮に入れながらどのように効果的に目的を達成するのか、この点には工夫の余地があろう。

[☐B．フィードバックの方法を決めていない]

フィードバックの手法は、必ずしも全員にしなければならないとは限らない。実は提出者全員への直接のコメント記入というのは、フィードバックと聞けば真っ先にイメージが湧くものである。これは数あるフィードバック手法の一つに過ぎない。他の負荷の少ない手法も以下に紹介する。これらがすべてではないけれども、選択肢のいくつかを知っておくことに損はないだろう。教員もすべての時間を教育に優先的に費やすことができるとは限らない。限られた時間と労力を活用して、効果的なフィードバックを送りたいものである。

①優秀者表彰
　すべての提出物にコメントしようとすれば時間も労力も重複も発生する。そこで優秀なものを「配付資料」や「インターネット上の掲示板(MoodleやBlackboardなど)」へ表彰したり授業内で言及したりする。これに表彰されたくて頑張る学生が出てくることがある。

②典型例解説
　学生の成果をいくつかのパターンに分類し、これを解説しコメント・アドバイスする。学生にとっては、周囲の学生がどのような成果物を作成したかがわかるし、「自分作成した成果物はこのような傾向があった」ことを知るだけでなく、他者の考え方も学ぶことができるだろう。

③不合格水準提示
　教員の要求水準を満たさないものを一例として提示し解説する(個人情報を保護するのは当然である)。学生は合格のために最低どの程度の努力をすべきかを学ぶ。

④学生相互意見交換
　フィードバックのために高度な知識を活用しない場合には、学生プレゼン発表へのコメントを学生同士に行わせる方法である。上手に機能すれば多角

的な観点からのコメントが得られる。これらを組み合わせることで教員のフィードバック負担を一定に減殺することができる。過負荷により教員が疲弊してしまうくらいなら、思い切って学生の学びを学生相互で実現させるサポートをするというくらいの割り切りがあってもよいのかもしれない。アクティブラーニング失敗を防ぐために考慮に入れることができるだろう。

[□C．フィードバックの回数と頻度を決めていない]

　一般論をいえば、フィードバックの回数が多いほどそれだけ教員と学生にとっての苦労が増える。ただし、ただ回数を減らせば負荷も減るのでよいという単純な話ではない。ある一つの授業だけで複数のフィードバックが並行して実施され全体としての学習機会を構成することがある。

　たとえばある授業では、二つ以上のフィードバックを並行して実施している。具体的には、①知識定着を確認するために4－5コマの授業で完結する一つの単元ごとに到達度を確認する小テストを実施するとともに、これは採点だけして模範解答とともに返却し成績評価に組み込む。また同じ授業で、②知識応用を目的にして原則として毎回授業で当日の学びに関係する発展的な問題を宿題として提示し、次回で学生の自主的発言による回答（平常点プラス）をまずは募った後に、教員による解答解説するが、宿題実施の有無は確認も成績評価もしない。③主体的な態度を醸成する目的で授業内容に関してメール等での質問を随時奨励し、これに対しては個別に丁寧にフィードバックしてアクティブな学びを推進するけれどもこれを成績考慮しない。

　以上、①～③は同じ授業内でそれぞれ目的の異なるフィードバックを異なる回数頻度で実施しているが、受講人数が200名ほどいてもさほど負荷が掛かっていないようである。知識の習得・定着を目指す授業科目なので、定着には重点的に成績加味する工夫をした。この事例は成功例とも失敗例とも位置づけしない。アクティブラーニングと学生の学びを犠牲にしないよう、個々の教員の能力に応じた、自分なりのフィードバック・スタイルを経験により磨き上げればよいのではないだろうか。

③評価計画

□授業準備05.パフォーマンス評価の位置づけを決めていない
□授業準備06.進捗度評価の位置づけを決めていない

　先にも述べたように、指導と評価はアクティブラーニングではセットにして考える必要があるけれども、ここではその内、評価部分を中心に検討することにする。さて、評価計画とは、大きく「(学生への)成績評価」と「(授業取組への)授業評価」の二つからなっている。その内とくにアクティブラーニング失敗の観点とも関わりのある「成績評価」について、以下に整理して紹介する。

　アクティブラーニングの成績評価における特徴は、大きく二つある。第一に、アクティブラーニングが結果的な学習成果よりむしろ途中過程(プロセス)で育成される資質や汎用的能力を重視することが多いので、学期末の期末試験で一発評価するようなスタイルではなく、一般的には学期途中段階での進捗度評価を取り入れて、先述したフィードバックを織り交ぜながら指導と評価を交互形成的に実施するという特徴がある。第二に、アクティブラーニングが、知識をどのように獲得しそれが頭の中にどのように定着しているかを問うだけでなく、知識をどのように応用実践できたかを問うようなところがあるので、プレゼンにしても、グループワーク報告書にしても、これを外化した成果物(パフォーマンス)として評価するような特徴がある。

　なお、アクティブラーニングの成績評価としては、グループワークのディスカッション参加をどのように評価するかはいろいろなところで話題になることが多いけれども、次章の「グループワーク」の項目で別途論じる。同様にして、プレゼンテーションやサービスラーニングなどの成績評価も本来なら取り扱いたいところであるが、今回は紙幅に限りがあるので、別の機会を待ちたい。

　なおアクティブラーニング特有の項目に焦点を合わせる狙いから、通常の講義で実施するようなレポートや期末試験などの成績評価についてはここで取り扱わないことにする。

□授業準備05.パフォーマンス評価の位置づけを決めていない

[□A．パフォーマンス評価の必要を理解していない]

　アクティブラーニングをする以上、学生たちは何かしらの自主的な個人作業ないしは集団作業をすることになる。そして、こうして行われた作業は成果物として外化することになろう。パフォーマンス評価とは、このようにして外化した成果物を評価するものである。担当教員の責任において準備され実施される講義とは異なり、アクティブラーニングでは学生自身が行う作業になるため、その根拠になる成果物が外化され、評価の対象になることは、教育質保証の観点からしても欠かせない。

　また、学生からすれば、自らが苦労して作成したものには思い入れがきっとある。もしこの成果物を教員が適切に評価してやれば、最初は単位のためであったとしても、やがてそれが高じて卒業論文などに発展していくこともあるだろうし、ひょっとしたら卒業した後でもこれを振り返り仕事に活かすことができるかもしれない。さらに、こうした成果物を作成する過程で身につけた対人関係その他の能力スキルなどは、就職活動などの多くの場面にも役立つかもしれないのである。

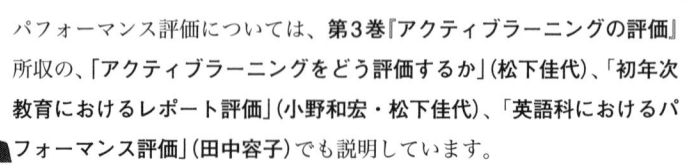

各巻との関連づけ　パフォーマンス評価については、**第3巻『アクティブラーニングの評価』**所収の、「**アクティブラーニングをどう評価するか**」(松下佳代)、「**初年次教育におけるレポート評価**」(小野和宏・松下佳代)、「**英語科におけるパフォーマンス評価**」(田中容子)でも説明しています。

[□B．根拠資料の適切な保管と管理がなされていない]

　講義では「期末試験」と「課題レポート(ないし中間試験)」など、保管と管理の必要がある成績評価の根拠資料が数点にまとまっており、扱いがしやすい。一方、アクティブラーニングでは、多い場合には毎週のグループ報告書があ

り、その他に半期に一度のプログレスシート（各個人の成長を自己申告する報告書）、そしてグループ成果物などのように学生は多種多様な課題提出を強いられることがある。

これは、教員からしても保管と管理を適切に行わなければ、根拠資料がどこかになくなってしまうこともありうる。紙で提出させるのか、メールでデータ提出させるかは、教員にとってやりやすい方法で構わないが、記録と保管に注意する必要があろう。さらに定期的に提出されてくる報告書などの成果物がある場合、これをどのタイミングでどのように評価するかも「評価計画」としての大事な授業準備にあたる。最終的な成績評価に際して、成果物をまとめて評価しようとしたがなかなか処理しきれなくて困ったなどのアクティブラーニング失敗事例も報告されている。

なお学生からの提出状況への問い合せがときどきあるけれども、これにどう対応するかは教員が判断すべきことと思われる。比較的若い学年を対象とする入門的な科目であれば、丁寧に調べて回答しつつ今後は自分でも管理するよう促すような対応もあるだろう。また、高学年の科目であれば、就職を意識させつつ、その程度のことは自分で管理させて教員は問い合せに応じないということもありうるだろう。ただしその場合でも、適切な保管と管理がなされていないから学生からの問い合せに対応しないというのはもちろん論外であろう。

[□C．評価がつい主観的になされてしまう]

アクティブラーニング失敗の観点からすると、同じ科目名称で、複数の担当教員がいる場合に、教員の当たり外れがあってはならないということであろう。複数の学生が口裏を合せて同じ成果物（パフォーマンス）を作成したとき、ある学生が習っている教員はそれに「A評価」を与えたが、別の教員は「C評価」を与えてしまったのでは、科目としての教育質保証ができなくなるだろう。

たとえば、テストを事例にして説明しよう。テストは採点して返却され、「今回はここがよくできていた」などのメッセージを発信することにつながる。もちろん問題作成に伴う苦労や回数や頻度を高めれば、それだけ多くの採点負荷につながるし、返却にもそれだけ時間が掛かることは授業時間を圧迫す

る恐れがある。それだけではない。○と×が簡単につけられる問題ならよいけれども、時として説明や論述の問題では、採点基準をある程度厳密に準備しなければ、評価の公正性と客観性が保証できなくなりかねない。パフォーマンス評価なら、なおさらのことである。このような事態を防ぐために、いくつか評価項目を設定し、そのそれぞれに評価基準を定め、これらを一覧表にした「ルーブリック（評価基準のこと。評価の観点とレベル基準が並んでいる）」が必要になることもあるだろう。できるだけ同じ教員の採点であっても、複数教員間での採点であっても、統一的な評価基準で採点と成績評価ができるようにするのである。

□授業準備06.進捗度評価の位置づけを決めていない

[□Ａ．進捗度評価がなされていない]
　先にも述べたように、アクティブラーニングは学びの途中過程（プロセス）で習得した知識や能力を中間段階として一度評価し、何ができていたのか、できていなかったのかを把握するとともに、これを期末に向けて教員の要求する単位認定できるレベルにまで高めていくことを教員と学生の双方で確認するために行われる。もし積極性などのある種の汎用的資質を育成しようとするならば、授業回を問わず、プロセスのすべてにおいて改善のPDCAサイクルを回転させることも一つであろう。
　もしこうした資質を習得したかどうかを評価しようとすれば、授業最後の学期末試験や期末試験一発で合格・不合格を判定できる類いのものではないし、極端な表現をすれば、その当該の一つの科目だけで育成したと言えるかどうかだって怪しいところであろう。それでもその育成が「科目の学習目的」や「アクティブラーニングの実施目的」に含まれているならば、授業の要所でその到達度を確認し、フィードバックし励まして育て上げるようなところが必要になるかもしれない。
　アクティブラーニング失敗の事例としてよく報告されることは、「グループ

ワークをやって友達と雑談もできてそれはそれで楽しかったけれども、何を学んだかがわからないし、どんな力が身についたかがわからない」との疑念を学生に抱かせているようなケースである。

もし教員が組織の命令あるいは国家の方針でアクティブラーニングをしなければならないから、仕方なくグループワークでもさせるかといった態度姿勢で臨むならばなおさらのことであろう。そのグループワークによって「こんな能力をこのようにして身につけるのだよ」との趣旨の説明があれば、学生も納得するかもしれない。

なお、グループワークで習得できるかもしれない汎用的能力については、ここでは大きすぎるテーマになるため、第6章のグループワークの項目で改めて取り上げてその一部を論じることにする。

[□B．進捗度評価の回数・方法が準備されていない]

知識習得を主たる学習目的とする講義中心型授業であれば、一般的に実施する課題レポートを工夫することで事足りることがあるため、進捗度評価は無理して導入しなくてもよいかもしれない。一方、応用実践を主目標とするアクティブラーニング型授業では、教員が所期した応用実践レベルに学生を引き上げてやるための工夫が必要であり、そのための一つの方法は進捗度評価であるかもしれない。ただし、無理のない導入が必要である。

なぜなら学生からすれば、実施した以上は少なくとも採点だけして返却されることで、少なくともそこから何かしらの気づきや学びがあり、学習が前に向かうかもしれないのである。その逆に、進捗チェックを受けたけれども、まったく返却されず、問い合せしても結果を知らせてくれない状況では、学生にとって何も学びがないばかりか、教員に対する信頼が揺らぐ意味で、マイナスにさえなりかねない。

こうしたアクティブラーニング失敗事例を自ら引き起こさないようにするためにも、どの程度の作業負荷を許容できるのかを教員は自分自身とよく相談して、進捗度評価の実施計画を立てるべきである。

> **まとめ**
> - アクティブラーニングの失敗事例を分析するツールキットを2つ紹介した。
> - 構造-行動-成果(SCP)ツールキットは、授業構造要因として、授業準備・教授能力・教室管理(以上、教員)、知識・能力・意欲態度(以上、学生)、そして制度・体制(組織)の諸要因が、何らかの行動を経て、学習成果・キャリア形成・汎用的能力という成果機能要因に関連する全体像を提示し、分析がブレないようにするためのツールを提供した。
> - 授業準備ツールキットは、■教科書シラバス(①教科書、②シラバス)、■実施計画(③進行表、④フィードバック)、■評価計画(⑤パフォーマンス評価、⑥進捗度評価)の3つを挙げ、それぞれ失敗事例との関連でチェックリスト風にも活用できるようにした。

注

1 NPO法人失敗学会理事兼副会長の飯野謙次氏が2013年5月18日に文部科学省・産業界ニーズ事業で開催した失敗分析ワークショップで提示した概念が基礎になっている。

さらに学びたい人に

- フィンク, L. D.(2011).『学習経験をつくる大学授業法』(土持ゲーリー法一監訳) 玉川大学出版部.
  ▶学習経験のデザインを進める上でのヒントを多角的な視点から論じている。

- 松下佳代・京都大学高等教育研究開発推進センター (編)(2015).『ディープ・アクティブラーニング』勁草書房.
  ▶学生の関与engagementをはじめ、協同学習、授業、評価、学習環境などをデザインするための概念が豊富に詰まっている。

- 池田輝政・戸田山和久・近田政博・中井俊樹(2001).『成長するティップス先生』(高等教育シリーズ). 玉川大学出版部.
  ▶授業準備に臨み考慮すべき事柄を集めたチップス集。

第6章

グループワーク失敗のトピック

第1節　できないのは学生のせいだと決め付ける

　「自分はしっかり教育しているのに」というのは、アクティブラーニングを進めようとしていくときに、多かれ少なかれ、あちらこちらの教員がささやく言葉のようである。グループワークをしようとしても、学生はすぐに怠けて雑談してしまうのではないか。ディベートや討論をさせようとしても、我が大学の学生にはできないだろう。振返り作業をさせて来週提出しなさいと指示しても、学生はきっと忘れてしまい提出しないだろう、などの言い訳に満ちたこれらの表現は、原因を学生に押しつけ気味で、教員自身にはまったく問題はないと言っているようにも思われる。

　まずは、失敗学手法を用いることにより、この表現から何がわかるのかを分析しよう。ひょっとしたら教員自身にも反省すべき点があるのではないだろうか。

(1) 失敗行動の同定（価値判断を排除する）

　第1に確認すべきことは、失敗行動をしっかりと同定することである。この事例では、「自分はしっかり教育しているのに……」の後ろに続くところが失敗事実になる。たとえば、「（学生が）〜をしない（〜ができない）」ということになる。これは失敗行動を事実として示したものであり、このように事実

として明示できる行動であれば、あとで行われる原因と結果の分析がそれだけ意味のあるものになる。

次のように言う教員がいるかもしれない。たとえば、「学生がバカだ」と。しかしながら、これは失敗の事実とは言えない。なぜなら「バカ」という判断を含む概念が入っていて、そのように判断する基準を明確にしない限り、みだりに使用すべきではないだろう。今回は議論をわかりやすくするために用いただけである。

それではルーブリックを用いたらよいのではないか。それなら差別用語を用いることなく、「議論が足りない」や「努力が足りない」などの表現に落とし込むことができるのではないだろうか。しかしながら、実はこれらも判断を含んでいて、「足りない(不足)」を判断する基準が明確になっている必要があろう。

優れたルーブリックはこの基準を明示したものになっている。ルーブリックはレベル1〜レベル5などの形で、たとえば「議論で発言しなかった」から「発言した」、「発言して貢献した」などのように難易度を示すものである。

それでもルーブリックの基準を示す文言の中にもまた判断を含む概念が入ってしまうことがあり、これが原因となってその判断基準が担当教員ごとに異なるなどの問題が起こりうる。いずれにせよ、教員が全精力をあげて指導に携わったにもかかわらず、目標として設定したルーブリックで所期した成果到達度に残念ながら達しないとき、これは価値判断が排除された一つの失敗行動として固定されるだろう。

(2) 失敗原因の分析

次に失敗原因を分析してみよう。根本的な問題として、教員自身は「しっかり教育していた」と言えるのだろうか。この点は、第5章で紹介した「構造-行動-成果ツールキット」に従い、教員サイドの要因を大まかにチェックしていくことで確認することができる。問いただしてみよう。

①授業準備

事前の指導計画は適切になされていたと言えるだろうか？　どこかに学生に無理させるほどの内容を授業計画に詰め込んではいなかったか？　あるいは教えた知識を定着させるための工夫を何か講じる計画を立てただろうか？

②教授能力
　仮に指導計画がしっかりしていたとして、それを実施するだけの経験やスキルを教員は有していただろうか？

③教室管理
　しっかりした指導計画とこれを実施する教授能力が備わっていたとしても、学生たちを惹きつけるだけのトーク技術などの工夫がなされていただろうか？　私語・雑談・携帯電話などの失敗行動に対して適切に対処するようなマネジメントがなされていただろうか？

　失敗学の知見からは、このような予想される事態にどれだけ備えてその場に臨むことができたかが問われるところである。これらの質問に対して、自分自身はどれだけの説明責任を果たすことができるだろうか。逆に見るならば、これだけの見通しを立てることで、無用な失敗を未然に防ぐことができる可能性がある。

(3) 失敗結果の吟味
　失敗結果の吟味をすることも忘れないようにしよう。まずは教員にとっての失敗結果のインパクトは表向きたいして大きくないことがあり、これが後に災いの種となる。なぜなら教員にとってのアクティブラーニングの失敗結果は、学生の学びが不達となったことであるが、教員個人にとってはせいぜい「この先生の授業はわからなかった／理解できなかった」と学生から評価される程度のインパクトでしかない。
　もっと問題になるのは、学生からの批判を知ったところで、それを学ばな

かった(学べなかった／学ぼうとしなかった)学生の能力や態度の問題として一刀両断に片付けてしまい、自らの教育をまったく省みようとしない教員が少なからずいることにあるかもしれない。

また、教員の一部には自分の研究者や教育者としての権威を傷つけられることに敏感なタイプがいる。こうした教員は、自分の授業を学生から評価されること自体に難色を示すこともあるだろう。極端な場合は激昂することもある。

以上のことは、失敗原因としての「教員の(教育者としての)価値観や資質」の問題と位置づけられるかもしれない。

第2節　グループワークのさまざまな問題

構造-行動-成果ツールキットの「成績評価」の項目で言及するだけにとどめていた、グループワークのディスカッションへの参加をどう評価するかについて、この場で論じることにする。アクティブラーニングを実施する教員の悩みの中で非常にしばしば耳にするのがこの問題である。

別の言葉で表現するならば、グループワークをするアクティブラーニングの中で教員が失敗したと感じている最も典型的な場面の一つと言えよう。大きな論点は、「何のためにグループワークを実施しているのか」をまず明確にすることであり、つづいて「その力を高められるような工夫をする教育を組み立てること」であり、最後には「それをふまえてグループワークの成果をどのように評価していくのか」ということである。

(1) 成績評価に占めるグループの割合はどのくらいまでか

グループワークの評価をどのくらい成績評価に組み込むのかは、アクティブラーニング失敗と強い関わりを持っている。あまりに小さい割合では、何のためにグループワークをやったのかというクレームにつながり、グループワークに参加したところでとくに成績評価に関わりがないとのことになれば、

その後のグループワークに参加する動機づけの低下につながりかねない。また逆に、その割合があまりに大きくなりすぎれば、今度は個人的な貢献部分がどのように評価されたのかに視線が集中する。

たとえば、フリーライダー（ただ乗り）問題などのため運営に手を焼いてグループ成果物が十分に作成できなかったグループメンバーは、「自分は頑張った」「この人のせいで」といった違和感を抱くように見受けられる。上手なグループ運営ができたところは比較的に問題が少ないようであるが、それでも「この人と同じ評価なのは納得できない」などと感じているようである。

以上のことをふまえ、全成績評価に占めるグループワークの割合は著者の場合、あくまでも個人的な経験値であるが総じて15〜25%前後にとどめることが多い。

(2) グループワークへの個人貢献度をどのように評価するか

次の問題として、必ず話題になることは「グループとしての成果物」なら、そのパフォーマンスについては同一グループメンバーに同一評価を与えることもできようが、グループワークの作業プロセスへの積極的な参加など、メンバー個人の貢献度をどのように評価すればよいのかということである。グループが複数あり、同時進行で学生が作業していて、しかも目をかける教員がただ一人というのでは、これはなかなかに難題である。

TA（Teaching Assistant教員の仕事をサポートする学生）を活用したり、院生や時には授業見学の来客者までを動員したりするなど、外部者を活用して、全てのグループの活動に目を行き届かせるような取り組みも見られる。このようにグループの数に相当する分のチェック担当者をつけることができれば、一つの解決策にはなるだろう。もちろんグループ活動を指導したり、ファシリテートしたりするのであれば、それほど大きな問題には至らないかもしれない。ただ、その方々はすべて同じ目線でグループ活動をチェックできるのだろうか。そしてその方々の報告を真に受けて教員は責任ある成績評価をすることができるのだろうか。

もし外部者を活用せずにグループワークでの個別学生の貢献を成績評価したい場合、どうすればよいのか。一例であるが、「グループ内に発言メモを取る書記役をつくり報告させる」「グループを均等に回り発言メモを取る」「グループの様子を遠目に見て誰が発言しているか確認し記録する」などの対策により一定程度は解決するかもしれない。だが、理想や完全を追うのは無理であろうし、これにより新たなクレーム等の問題が生まれる恐れもある。完璧を求めるのでなく、何かに限定した明確な狙いをもって、割り切ってそれを評価することも一つの対処法であろう。

　一つの実践事例として、各グループ間を均等に巡回する方法がある。各グループあたりの可能な巡回時間は1コマ平均10－15分程度である。工夫していることは、一度の巡回でその10分を使い切ることはせずに、一度の巡回では長くても5分程度で切り上げて2度目の巡回時間を確保することである。最初の巡回時までに話し合うべき検討課題を常に各グループの状況に応じて事前に必ず割り当てしている。巡回したときにその話し合った結果を聞くと、その場で即座に次に巡回するときまでの課題を決めておく。そこでの誰がどのように課題に参加するかを観察することにより、グループでの個人貢献度を評価するようにしている。

　まとめるとグループワークの評価は、科目の学習目標と連動させるのがよいように思う。ちなみにここで一例にした科目の学習目標は、①ブランド・マネジメントについて、資産棚卸し・価値分析・ブランドディレクション・ゾーニング・体験創出までを理解するとともに、実践の入口に立てること、②教科書の内容と何らかの現実のブランド事例とを結びつけて考えるとともにグループ報告書を作成できること、③自分の意見を持ち主張できるとともに他者の考えにも耳を傾けてそこから学ぶことができること。以上の3つである。ここでは③の自分の意見の主張について、それを教員が見ているときに主張することができるかを問うているのである。

(3) 押し出しの強いタイプの学生をどう評価するか

グループワークにおける強いリーダーはときとして必要な存在である。企業や社会では何が成功するのか失敗するのか前もってわからないことは当たり前のことである。皆が何をすればよいかわからず閉塞した空気が漂っているときに「俺についてこい」など言ってくれる人物がいると大変ありがたいものである。これは学校の授業でも同じことであり、グループワークをさせる教員にとって、そのグループワークが沈黙してしまうことに不安を感じることはよくあるだろう。そんなときに口火を切って発言してくれたり、意見がまとまらないときに上手に調整してくれたりする学生がいると何とありがたいことだろうか。

　だが、グループワークはそれでよいのだろうか。もしも押しの強いリーダータイプばかりから構成されるグループだったら、まとまる意見もまとまらなくなるかもしれない。放っておけば常にリーダーシップを握ろうと働きかけるかもしれない。もしかしたらそれにより他の学生が圧倒されて黙り込んでしまうことがあるかもしれない。これは典型的なアクティブラーニングの失敗事例である。教員から見れば、沈黙しているグループの方が目立つものであり、誰かが元気よく発言しているグループは、安心して見過ごしてしまいがちになる。この点について以下で特別に注意を促したい。

(4) 他者への配慮をどのようにして学ぶのか

　現実には、たった1人の学生だけが自分の考えを主張し押し通そうとしていて、その他の学生は言い返せない、あるいはグループの意見が出てきたから良かったなどと思っているのである。もちろん圧倒されるばかりでなく押し返す努力がその他の学生にも求められていることは当然である。

　教員としては、そのような方法を学ぶ別の機会が存在しないならば、自らが何かの機会にそれを教えるべきかもしれない。そうでなければ、結果的にグループメンバー全員の議論が尽くされたことにはならない事実は変わりはない。そして、それにより所期した学習目的を達成することができなければ、最終的にはその実施責任や説明責任を果たすのは教員ということになるだろう。

押し出しの強い学生も他の学生に配慮する努力だって同様に求められているであろう。なぜなら、グループの意見をまとめるということは、ある学生が自分の意見を押し通すことと同義ではなく、グループ皆の意見が合わさり議論を尽くした上でようやくできあがることだからである。とりわけ押し出しの強いタイプの学生は、放っておいてもなかなか自分で気づいて他者への配慮ができるようにならない傾向が見られる。

そうすると教員として、押しの強い学生が暴走するのを何もせずにただニコニコ見守るという選択では不十分ということになろう。科目の学習目的をそれとなくもう一度促すことが大事になるだろう。

(5) グループワークを欠席する学生にどう対処するか

これは構造-行動-成果ツールキットでいう「教室管理」の失敗事例として位置づけることができよう。たとえば数週間以上にまたがり同じグループメンバーで作業をさせるような場合、あるメンバーが理由を問わず欠席するだけで、そのグループの作業や活動全体に影響が出ることがあり、グループワークでの欠席はそれ自体がアクティブラーニング失敗行動の一つとして位置づけされるほどのものである。欠席した学生から頻繁に耳にすることの一つは、グループワークで欠席すると次回の授業に出づらくなってしまうということである。

幸いなことに、この点については適切な配慮をしてやることである程度は回避することが可能である。まず教員がこの欠席学生に直接働きかけすることには一般にあまり意味がないだろう。なぜなら学生グループの中には秩序があり、ここに教員が介入したところで効果は限定的であるしマイナスに作用することすらある。そこで、基本的な解決へのアプローチ方法は「グループのことはグループで」というものになる。以下に、対策例を挙げよう。

①全学生に理由問わず欠席することに起因する弊害を十分に認識させる。
②欠席は個別学生でなくグループ全体の問題との共有認識を持たせる。

③欠席学生はグループへの欠席事前連絡はもちろんするものとし、グループ内の作業課題から免れないことを規則とし、これを自ら出席メンバーに相談し確認する義務があるものとする。
④出席学生は欠席学生が次回にグループワークに出にくくならないような配慮をする義務があるものとする。
⑤以上の規則を遵守しなかったときでも欠席学生をグループから排除できないが、グループ内での話し合いにより、欠席学生に任せる課題の質量をグループ作業に支障を来さない程度に調整することができる(メンバー間の作業分担は原則公平を鉄則にする)。
⑥結果的に脱落者を出さなかったグループは成績評価のグループ基礎点への上乗せを受けられる。

　以上のグループワーク欠席への6つの約束事は、比較的長期にわたり同じメンバーで運営するときのグループワーク欠席への対策の一例であろう。このことを知識化すれば、いずれにせよグループ内メンバーが相互のコミュニケーションを密にして、信頼関係を醸成するとともに、この件で最も直接的な影響を被るグループに当事者意識を持たせることでこの問題は解決するということになろう。
　経験を積めば、授業の最初から学生にある種のクギ刺しをすることができるので、これは「授業準備」の問題としても位置づけられるだろう。

第3節　おとなしい学生をどう評価するか

(1) 自燃型人材と他燃型人材
　昨今の教育ではあまり話題になることが少ないように感じるが、企業の中で貢献する人材のタイプには、大きくは自燃型人材と他燃型人材などがある。
　これまでにも述べてきたように、グループワークをするにあたり何らかの意味で役割分担をすることになる。リーダーをするにせよ、参謀タイプを演

じるにせよ、書記を務めるにせよ、その仕事を進める学生行動の方向性はグループでの活動として見れば、大きく2つにわかれる。第一は、自らが燃え上がり、自分自身がグループ活動に積極的に関わりを持っていこうとするタイプであり、これを自燃型人材と呼ぶ。議論をリードすることがあるため、この意味で「リーダータイプ」という名をつける。第二は、自分自身はあまり目立つことなく、他者を燃え上がらせるように、自分はそのサポートに徹することで満足するようなタイプであり、これを他燃型人材と呼ぶ。これはリーダーを補佐し活かしていくようなタイプとして、ここでは「参謀タイプ」と名づけよう。

(2) 他燃型人材も評価する選択肢をつくろう

　ここに一つ問題提起したい。アクティブラーニングは、ともすれば自燃型人材ばかりを育成し評価しようとしているのではないか。このままでは他燃型人材の積極的な意義を見失ってしまうのではないか。企業人として働くようになれば、いずれは自分が最前面にでることになり、多くの人々が自燃型人材として働くようになるかもしれないが、どんな場であっても他燃型人材の役割がなくなってしまうわけではないだろう。

　現実の企業社会での役割分担は、周囲をぐいぐいリードするアイデアマン（自燃型人材）もいれば、逆にグループの場ではあまり目立つ発言などはしないものの陰でいろいろ努力しサポートする参謀タイプ（他燃型人材）もいる。この意味で、陰で努力する比較的おとなしめに見える学生は、何かの形で正当に評価すべきであるかもしれない。もちろん大した努力もしないし、グループの場でも発言しないような、ただおとなしいだけの学生がいることも事実である。

　学校教育のグループワークの現場でこれはまさしく「おとなしくて影で努力する学生」の評価の問題である。授業中のグループ活動をただ表面的に眺めていただけでは参謀タイプを見つけるのは難しいだろう。なぜならグループに陰ながら貢献することで自分の存在価値を見出すようなタイプだからで

ある。

　このようなタイプを評価するには、陰の努力を認めるような仕組みを作ることが必要である。適当なタイミングで「授業のためにどんな調べ物をしてグループに貢献したか」などの内容を個人レベルで報告できる仕組みをつくることで、そうした学生はグループ討論ではなかなか自分を前面には押し出せないが、自分の果たしている役割を教員に認めてもらっている気持ちになり、その自分の強みを最大限に発揮するようにますます努力を積重ねるかもしれない。

①チーム成果物
　チームとして作成したパフォーマンスを成績評価の対象とする場合には、どの学生がどの部分を貢献したのかを明確にするような仕組みを作ることで解決するだろう。論点は異なるが、学生がバラバラに自分の担当分だけ作業したとしても、チーム全員での議論もまたなされるように配慮することが欠かせない。

②授業中のグループ討論
　このような学生は授業中に皆の見ている前で前に出て発言することが苦手なタイプである。もしグループ作業での討論参加を評価するとすれば、このタイプの学生はなかなか評価されにくいかもしれない。本人は評価されたいならば、勇気を振り絞って前に進み出て討論に参加することが求められる。

③チーム活動報告書
　皆の前では発言しない学生であっても、中にはしっかりと記録をとっていて、活動報告書としてまとめるのが上手なタイプがいるかもしれない。このような学生にとって、皆の前での議論には参加していなくても、その議論を記録して次のステップに進める上で、記録する作業は非常に重要な役割であり、このようなところで活躍する機会を与えることは一つの解決策になるだ

ろう。

④チーム貢献に関する自己申告の報告書

　比較的におとなしいタイプの学生が、それなりにまじめに活動をしているときに、それを見極めやすいのがこの作業である。自分が頑張っている取り組みを丁寧に書いてくることがある。だが、これをどの程度まで成績考慮できるかどうかは思案のしどころである。なぜならグループ作業は、チームの活動に貢献してこそ価値あるものになるのであり、何かチーム活動に寄与する根拠を残してこそ評価されるべきだからである。「私は頑張りました。でもチームへの貢献の根拠は認められません」というのでは、やや評価しづらいところである。

　以上のように、他燃型人材は、発言などの具体的な行動の形で示すことができるように他者への配慮を実現しつつ、科目の学習目的に沿った何らかの「ラーニング」または「チームへの貢献」が根拠資料とともにしっかり実現されるようにすることが最も肝要なポイントである。グループワークの過程で他者への配慮をも学ぼうとする考え方がある。さまざまなツールが紹介されているので関連文献をあたって欲しい。重要なことは、お互いの尊敬であり、お互いの立場を理解していることである。

(3) グループ討論で黙っていれば損する

　グループ討論でおとなしい学生を評価すべきことは、すでに述べてきたとおりである。ただし、これは世の中の常でもあるが、自分の考えをしっかり主張できるタイプは認められ、皆が発言する場で黙っていることは消極的な印象を与え、場合によっては意欲に乏しいと受け止められて損をすることがあることを、教員は学生にしっかり伝える必要があろう。

　とくにビジネス教育で行われるケース・メソッドでは、ある特定の問題と意思決定の状況が描かれた場面が「ケース」と呼ばれる資料に記されていて、

これについて次のような意思決定をする。

・何が問題なのか。
・その背後にある理屈は何か。
・どの理論をどう使えばどのような問題解決の選択肢が出てくるのか。
・どんな価値観でそれらの選択肢のどれを採択するのか。
・その採択に伴う予想される困難な局面を想定して対策を講じる。

　事前にケースに示される予習課題について個人で準備してくることは前提であり、これをまずグループでぶつけ合い、最後は教員のいるクラス全体で大人数討論する。比較的おとなしい学生は、個人予習とグループ討論で自分の意見を主張するためのデモンストレーションを済ませておいて、最後はクラス討論に参加する。ここで黙っていれば損をするのは文字通り自分になる。

(4) 学生時代におとなしいことは将来損になるのか
　では、もっと根本的な問題を提示しよう。おとなしい学生は将来に損するのだろうか。現実には、学生の頃はおとなしかったけれども、企業で働くようになり、やがて人の上に立つようになると、性格の向き不向きに関係なく自分が前面に出なければならなくなり、自然に前に出て積極的に発言できるようになるものである。そうしなければ仕事が進まない。放っておいてもその時になれば否応なく経験し、スキルとして習得することは多々ある。

　それでも社会で前面に出ている人がおしなべて目立ちたがり屋なのかといえば、実はそうではない。学生時代は非常におとなしい性格で目立たなかったということはよくあるし、そうして前面に出ていながらも「実るほど頭を垂れる稲穂かな」の言葉が示すように、非常に謙虚でおとなしいタイプのリーダーもたくさんいる。

　それならばリーダー経験なるものは社会に出てから学べばよいのだろうか。社会に出る前にそのような経験を積んでおくことも重要な経験であろう。

リーダー経験をすることで、多様な意見やそれらの対立があるときに、あるときは強く、あるときは柔らかくまとめあげて、グループとしての統一的な行動を引き出すような、人間関係の調整機能を果たさなければならなくなる。これは、一朝一夕にできるようなことでなく、上手くいく経験も上手くいかない経験もいろいろ積み重ねることで、多様な場面でもその能力を発揮することができるようになるものである。

　近年は、こうしたリーダーシップを学ぶことを学習目的とした授業・プログラムが増えてきているので、何度か経験する仕組みをつくっておいてもよいだろう。

> **まとめ**
>
> ・アクティブラーニング失敗で特に話題になるトピックを、「できないことを学生のせいにする」、「グループワークでの失敗」、「おとなしい学生にどう向き合うか」という３つに限定して、それぞれを節として展開した。
>
> ・グループワークでの失敗について、(1)成績評価への割合、(2)グループワークへの個人貢献度の評価、(3)押しの強い学生の問題、(4)他者を思い遣る重要性、そして(5)グループワークを欠席する学生の問題の５点を論じた。
>
> ・おとなしい学生の中には「他燃型人材」と呼ばれるタイプがいて、彼らはあまり積極的ではないものの、他者を生かす役割を果たす。そのメリットとデメリットを挙げつつ、彼らをアクティブラーニングで評価するための手法をいくつか紹介した。

さらに学びたい人に

● マイケル, A.W.(2014).『チームワークの心理学―エビデンスに基づいた実践へのヒ

ント―』(下山晴彦監修 高橋美保訳). 東京大学出版会.
　▶グループ作業での考え方やヒントが数多く紹介されている。

◉ シュワーツ, R.(2005).『ファシリテーター完全教本―最強のプロが教える理論・技術・実践のすべて―』(寺村真美・松浦良高訳) 日本経済新聞社.
　▶アクティブラーニングの多様な側面で必須となるファシリテーション・スキルを紹介する基本書の一つ。

◉ 中原淳(編)(2006).『企業内人材育成入門―人を育てる心理・教育学の基本理論を学ぶ―』ダイヤモンド社.
　▶企業研修で行われている手法に、アクティブラーニングの示唆が読み取ることができて参考になる。

おわりに

　筆者は、多くの諸々の失敗事例を見てきた。その上で強く感じることは、このアクティブラーニングだけをことさらに取り上げて、これで高校・大学の教育が一変するかのように賞賛し、講義の役割を完全に否定し消し去ろうとまですることに対しては疑問を感じる。講義はあくまでも知識伝達のための一つの手段であり、この目的を果たす限りにおいて今後も依然として重要な役割を演じるであろう。

　しかしながら、ただ知識を獲得し、期末試験で記憶された知識を確認するために用いられる授業のあり方は、徐々に終わりを告げつつあるのかもしれない。そうでなく、獲得した知識はどのように応用し活用するのかが大切であり、高校・大学を卒業して社会に出た後にもこれができるようになるためにも、大学在学中から授業の中でこの力を明示的にトレーニングするような授業が、「カリキュラムとして」要請されるようになってきたということなのかもしれない。

　最後になるが、本書の狙いを今一度、読者の方々にお伝えしたいと思う。本書の冒頭でも述べたように「失敗事例から学び成長するアクティブラーナー」としての自律した学習者を育てることが、本書の狙いであった。ここで中心に据えている対象者は、もちろん「教員」である。一般には、アクティブラーニングと言えば、「生徒・学生の学び」の一形態を表す概念であり、アクティブラーナーも自律した学習者としての生徒・学生のこととして理解されがちであろう。

　だが本書では、生徒・学生はもちろんのことだが、中心はあくまで「教員」に置くこととした。なぜなら、「アクティブラーナーを育てられるのはアク

ティブラーナーだけ」だからである。生徒・学生には「他者の考えをよく傾聴しなさい、そして自分の考えと議論させましょう」と言いながら、教員自身は自分の教えとは異なる考え方を許容せず、話し合いの余地もなく押し付けてしまったのでは、先生として模範にならないだろう。教員はとかく「間違ってはならない」ことを要求されがちである。だが、これから先に待っている世界は、「チーム学校」などの表現にもあるように、地域社会や産業界などと連携して人材を育てるような新しい時代である。旧来的な学修体系をただ生徒・学生に押し付けるように教えるのとは異なり、どのように地域社会や産業界の立場を対話とともに理解し取り込むかが重要になる。すなわち、既存の知識体系や知識構造から時代に合わせて作りこんでいける柔軟さも必要になってくる。自律した学習者として生徒・学生を育てるためには、まずは教員自身がアクティブラーナーになる必要がある。

　もう一つ、本書の目指したものとして、アクティブラーニングの論点の一端を浮き彫りにすることがあった。成功事例の共有はだいぶ進むようになっているが、アクティブラーニングは、授業内での教員と生徒・学生との間のコミュニケーションを超えて広がりを持った場合、どうしても教員だけのペースで物事が進められないことが今後は増えてくることが予想される。現場の教員の皆さんにお尋ねすると、このアクティブラーニングについて好意的に迎え入れている方々ばかりであるとは言えないようである。たとえば、①昔からやってきたことであるので今さら新しい名称で要求される意味を捉え切れていない方々、②何か新しい物事を要求されているがまだそれが理解できず困惑している方々、③気持ちの上ではアクティブラーニングを実施したいものの学内業務多忙などの理由のため実施しきれずにいる方々、④とくに大学教員の場合、自分のすべき研究をしっかり進めていればよく、教育に注力する必要性を感じていない方々など。以上のことから、ますます複雑になるアクティブラーニングとそのコミュニケーションをできるだけシンプルに捉えられる枠組みが今や求められているのである。

　この意味で本書が提案した論点の一つは、「アクティブラーニング失敗基

本三事例」であった。アクティブラーニングとはいったい何なのかについて、現場で混乱したようなところがあるようである。こうした混乱を回避し、できるだけシンプルにアクティブラーニングを理解するための一助となることを願い、失敗基本三事例を示した。詳細は本文で示した通りであるが、要するに「アクティブ」と「ラーニング」に関すること、そして「FD」に関すること、この合計3つである。とりわけ3番目の「FD」は時として見失われがちになるので注意が必要である。

　成功事例の中に「教えない教育」を標榜したり、教えないからこそ「もがく中で学生が伸びる」「答えは自分で見つけるものだ」といったりするような教授法実践があるようである。こうした諸実践を否定するつもりはまったくない。実際に一方通行で講義するよりもはるかに優れた成果を上げているアクティブラーニングの実例もいくつも報告されている。ただ、忘れてはならないことは、「それだけの下準備や仕掛け」が背後にあってこその成功事例であることである。十分な配慮が行き届かない授業では、たとえアクティブラーニングを形だけ実施しても、学生は生き生きしていないし、学びの成果も上がらないし、かえって学生の不満が募ることさえある。「失敗基本三事例」で伝えたかったことは、教員はいずれにしても学生が生き生きと（＝アクティブ）学ぶ（＝ラーニング）ように責任を持つ（＝FD）存在であること、すなわちアクティブラーニングとは、これまで教員が学生のために考えて教育上の諸工夫をしてきたことから特段に何かが変わるものでもないし、また難しく考える必要もないということである。

　筆を置くにあたり、謝辞を申し上げる。

　産業界と連携した授業を展開してきた自分自身の経験は、非常に多くのものを自分にもたらしてくれた。この貴重な機会をくれた名古屋商科大学とその同僚に感謝する。また、失敗事例との関わりを強く意識する契機になった文部科学省「産業界のニーズに対応した教育改善・充実体制整備事業」の中部地域23大学（幹事校：三重大学）の皆さん、とくにアクティブラーニング失敗事例の調査とその後のハンドブックの取りまとめに全面的に協力してくだ

さった東海Aグループ(愛知産業大学、椙山女学園大学、中部大学、豊橋創造大学、豊橋創造大学短期大学部、三重大学)だけでなく、東海Bグループ(副幹事校：名古屋産業大学)、静岡グループ(副幹事校：静岡大学)、北陸グループ(副幹事校：金城大学短期大学部)の皆さんにはお世話になった。個人名では、幹事校三重大学の責任者の中川正先生、アドバイザリーボードメンバーとしてご指導くださった名古屋大学の夏目達也先生、リアセックの角方正幸先生、そしてNPO法人失敗学会の飯野謙次先生に感謝を申し上げる。

とくに京都大学の溝上慎一先生には、本書の執筆のご縁を頂くとともに、多くのご助言を下さった。感謝を申し上げる。また、出版社の方々にも御礼を申し上げる。

最後に、妻の純恵と長男の海大、家族の支えがありここまでこられたことに感謝を捧げる。

索引

【アルファベット】

FD	12, 13, 19, 27, 76, 88, 102, 139
PBL	58
PDCA	29, 44, 58, 118

【あ行】

アクティブ	13, 16, 19, 71, 77, 83, 84, 139
アクティブでない学び	13, 16
アクティブの意味	iv
アクティブラーナー	iii, iv, 3, 5, 95, 99, 137, 138
『アクティブラーニング失敗事例ハンドブック』	iv, 35
アクティブラーニング目的	iv
エフォート	25

【か行】

概念のない直観	63
学外	45, 47, 55
学習意欲	iv, 80, 82, 84-87, 92, 93
学習行動	98, 102
学習指導要領	68
学習目的不良	90
革新の阻害	15, 55
学内インターンシップ	55, 56
課題出し	70, 101
価値観	20, 32
科目の学習目的	36
カリキュラム	67
カリキュラムマップ	65
官僚制の逆機能	16
キャリア	64, 92, 99
教育環境	iv, 19-21, 99, 102
教科書	104, 105
教授行動	98
教養	76
グループワーク	iv, 9, 26, 29, 32, 34, 36, 37, 39, 40, 42, 74, 87-89, 91, 93, 115, 118, 121, 124-130, 132
訓練された無能	13
形式主義	6, 7, 14, 15
形成的評価	49, 91
ゲーミフィケーション	42
原因分析	100, 101
構造-行動-成果	95-97, 99, 122, 124, 128
構造分析	101
行動マンダラ	86
コールドコール	42
コンフリクト＝葛藤状況	36
コンフリクトの対処行動	38
コンフリクトの発生源	37, 38

【さ行】

最低許容行動	14, 77
思考不良	88
自己管理能力不良	89
自己の相対化	27
資質	46
事前学習	46, 47, 69, 62, 73

実施責任	7, 127	対話	26
失敗	iii, 3, 33, 59	小さな失敗	4, 8, 29
失敗学	31, 34	知識不足	88
失敗結果マンダラ	32, 92	中間評価	51
失敗原因マンダラ	30, 31, 86	ツールキット	iv, 5
失敗行動	34, 35, 85, 100, 121-123	転移	13
失敗談	27	トレードオフ	65
失敗の基本三事例	iv, 11, 13, 138	**【な行】**	
指導計画	8, 107, 108, 111, 123	内容のない思考	63
指導不良	90	名札	57
社会人基礎力	4, 43, 64, 66, 81	難易度の設定	70
収束	64	**【は行】**	
授業準備	97, 99, 102, 104, 107, 108, 111, 115, 116, 118, 129	発散	64
		パフォーマンス	115, 116, 118, 125, 131
授業準備ツールキット	iv	反転授業	69
趣旨説明	69	汎用的能力	65, 83, 99
省察	iii	ひな形(フォーマット)	72
触発	81, 82, 83	評価不良	91
初年次	23, 59, 75, 77	フィードバック	49, 51, 109, 111-115, 118
シラバス	105, 107	フォーム	109
進捗度評価	115, 118, 119	負荷	50, 66, 72, 73, 102, 112-114, 119
スタディ・ライフ・バランス(学習負荷)	10	負の触発	87
成功談	26, 28	フリーライダー	28, 125
成績評価	50-53, 91, 107, 106, 114-116, 118, 124-126, 129, 131	振返り(リフレクション)	9, 48, 62, 71-73
		プレゼン	9, 85, 113, 115
責任	56	プロジェクト	57, 58, 59, 91
説明責任	7, 8, 12, 43, 91, 123, 127	プログレスシート	117
前提知識	88	文化	49
組織的なアクティブラーニング	48, 67	**【ま行】**	
【た行】		マインドセット	iv, 6
大学設置基準	62	学びのアクティブ化	13
対人技能不良	89		
タイミング	40, 41, 72		

学び合い	73, 74	ルーティン	110
マンダラ	31, 34, 80, 85, 93	ルーブリック	118, 122
マンネリ	39, 40, 42, 110	レポート	50, 51
目標の転移	14		

【ら行】

| リーダー | 58 |

【著者紹介】

亀倉　正彦（かめくら　まさひこ）
名古屋商科大学経営学部教授。慶應義塾大学博士課程満期退学・修士（商学）。専門は経営管理（経営資源ベース論、コーディネーション、組織文化、リーダーシップ）と高等教育（アクティブラーニング、失敗学）。2010-2011文部科学省「大学生の就業力育成支援事業」の名古屋商科大学・取組担当者。2012-2014文部科学省「産業界のニーズに対応した教育改善・充実体制整備事業（中部圏23大学）」名古屋商科大学の取組担当者で、東海Aグループ担当副幹事校代表。
主な業績に『アクティブラーニング失敗事例ハンドブック』（編集代表，一粒書房，2014）「経営資源ベース論」（『現代企業経営のダイナミズム』2002、第5章）など多数。

シリーズ　第7巻

失敗事例から学ぶ大学でのアクティブラーニング

| 2016年3月20日 | 初　版第1刷発行 | 〔検印省略〕 |
| 2018年1月20日 | 初　版第2刷発行 | 定価はカバーに表示してあります。 |

著者ⓒ亀倉正彦／発行者　下田勝司　　　　　　　　印刷・製本／中央精版印刷

東京都文京区向丘1-20-6　　郵便振替 00110-6-37828
〒113-0023　TEL (03)3818-5521　FAX (03)3818-5514

発行所　株式会社 東信堂

Published by TOSHINDO PUBLISHING CO., LTD.
1-20-6, Mukougaoka, Bunkyo-ku, Tokyo, 113-0023, Japan
E-mail : tk203444@fsinet.or.jp　http://www.toshindo-pub.com

ISBN978-4-7989-1351-3 C3337　ⓒ M. Kamekura

溝上慎一監修 アクティブラーニング・シリーズ 全7巻
2016年3月全巻刊行 各A5判・横組・並製

① **アクティブラーニングの技法・授業デザイン**
安永悟・関田一彦・水野正朗編
152頁・本体1600円・ISBN978-4-7989-1345-2 C3337

② **アクティブラーニングとしてのPBLと探究的な学習**
溝上慎一・成田秀夫編
176頁・本体1800円・ISBN978-4-7989-1346-9 C3337

③ **アクティブラーニングの評価**
松下佳代・石井英真編
160頁・本体1600円・ISBN978-4-7989-1347-6 C3337

④ **高等学校におけるアクティブラーニング：理論編(改訂版)**
溝上慎一編
136頁・本体1600円・ISBN978-4-7989-1417-6 C3337

⑤ **高等学校におけるアクティブラーニング：事例編**
溝上慎一編
192頁・本体2000円・ISBN978-4-7989-1349-0 C3337

⑥ **アクティブラーニングをどう始めるか**
成田秀夫著
168頁・本体2000円・ISBN978-4-7989-1350-6 C3337

❼ **失敗事例から学ぶ大学でのアクティブラーニング**
亀倉正彦著
160頁・本体2000円・ISBN978-4-7989-1351-3 C3337

東信堂

東信堂

アクティブラーニングと教授学習パラダイムの転換	溝上慎一	二四〇〇円
大学のアクティブラーニング——3年間の全国大学調査から	河合塾編著	三二〇〇円
「学び」の質を保証するアクティブラーニング	河合塾編著	二〇〇〇円
「深い学び」につながるアクティブラーニング——全国大学の学科調査報告とカリキュラム設計の課題	河合塾編著	二八〇〇円
アクティブラーニングでなぜ学生が成長するのか——経済系・工学系の全国大学調査からみえてきたこと	河合塾編著	二八〇〇円
附属新潟中式「3つの重点」を生かした確かな学びを促す授業——教科独自の眼鏡を育むことが「主体的・対話的で深い学び」の鍵となる!	新潟大学教育学部附属新潟中学校編著	二〇〇〇円
ICEモデルで拓く主体的な学び——成長を促すフレームワークの実践	柞磨昭孝	二〇〇〇円
社会に通用する持続可能なアクティブラーニング——ICEモデルが大学と社会をつなぐ	土持ゲーリー法一	二五〇〇円
ポートフォリオが日本の大学を変える——ティーチング/ラーニング/アカデミック・ポートフォリオの活用	土持ゲーリー法一	二五〇〇円
ティーチング・ポートフォリオ——授業改善の秘訣	土持ゲーリー法一	一五〇〇円
ラーニング・ポートフォリオ——学習改善の秘訣	土持ゲーリー法一	一〇〇〇円
「主体的学び」につなげる評価と学習方法——カナダで実践されるICEモデル	S.ヤング&R.ウィルソン著 土持ゲーリー法一訳	二〇〇〇円
主体的学び 創刊号	主体的学び研究所編	一八〇〇円
主体的学び 2号	主体的学び研究所編	一六〇〇円
主体的学び 3号	主体的学び研究所編	一六〇〇円
主体的学び 4号	主体的学び研究所編	二〇〇〇円
主体的学び 5号	主体的学び研究所編	一八〇〇円
主体的学び 別冊 高大接続改革	主体的学び研究所編	一八〇〇円
大学自らの総合力——理念とFD そしてSD	寺崎昌男	二〇〇〇円
大学自らの総合力II——大学再生への構想力	寺崎昌男	二四〇〇円
21世紀の大学:職員の希望とリテラシー	寺﨑昌男 立教学院職員研究会編著	二五〇〇円

〒113-0023 東京都文京区向丘1-20-6　TEL 03-3818-5521　FAX03-3818-5514　振替 00110-6-37828
Email tk203444@fsinet.or.jp　URL:http://www.toshindo-pub.com/

※定価：表示価格（本体）＋税

東信堂

転換期を読み解く——潮木守一時評・書評集	潮木守一	二六〇〇円
大学再生への具体像——大学とは何か【第二版】	潮木守一	二四〇〇円
フンボルト理念の終焉?——現代大学の新次元	潮木守一	二五〇〇円
「大学の死」、そして復活	潮木守一	二八〇〇円
大学教育の思想——学士課程教育のデザイン	絹川正吉	二八〇〇円
大学教育の在り方を問う	絹川正吉	二八〇〇円
大学改革の系譜::近代大学から現代大学へ	山田宣夫	三三〇〇円
大学理念と大学改革——ドイツと日本	別府昭郎	三八〇〇円
北大・教養教育のすべて	金子勉	四二〇〇円
エクセレンスの共有をめざして	小笠原正明・安藤厚・細川敏幸 編著	二四〇〇円
国立大学法人の形成	大崎仁	二六〇〇円
国立大学・法人化の行方——自立と格差のはざまで	天野郁夫	三六〇〇円
大学は社会の希望か——大学改革の実態からその先を読む	江原武一	二六〇〇円
転換期日本の大学改革——アメリカと日本	江原武一	三六〇〇円
大学の管理運営改革——日本の行方と諸外国の動向	杉本均 編著	三六〇〇円
大学経営とマネジメント	新藤豊久	二五〇〇円
大学戦略経営論	篠田道夫	三四〇〇円
中長期計画の実質化によるマネジメント改革		
私立大学マネジメント	(社)私立大学連盟編	四七〇〇円
私立大学の経営と拡大・再編	両角亜希子	四二〇〇円
——一九八〇年代後半以降の動態		
大学の発想転換	坂本和一	二五〇〇円
——体験的イノベーション論二五年		
30年後を展望する中規模大学	市川太一	二〇〇〇円
マネジメント・学習支援・連携		
大学のカリキュラムマネジメント	中留武昭	三二〇〇円
戦後日本産業界の大学教育要求	飯吉弘子	五四〇〇円
——経済団体の教育言説と現代の教養論		
アメリカ連邦政府の大学生経済支援政策	犬塚典子	三八〇〇円
カナダの女性政策と大学	犬塚典子	三九〇〇円
大学教育とジェンダー	ホーン川嶋瑤子	三六〇〇円
——ジェンダーはアメリカの大学をどう変革したか		
スタンフォード 21世紀を創る大学	ホーン川嶋瑤子	二五〇〇円

〒113-0023 東京都文京区向丘1-20-6　TEL 03-3818-5521　FAX03-3818-5514　振替 00110-6-37828
Email tk203444@fsinet.or.jp　URL:http://www.toshindo-pub.com/

※定価：表示価格（本体）＋税